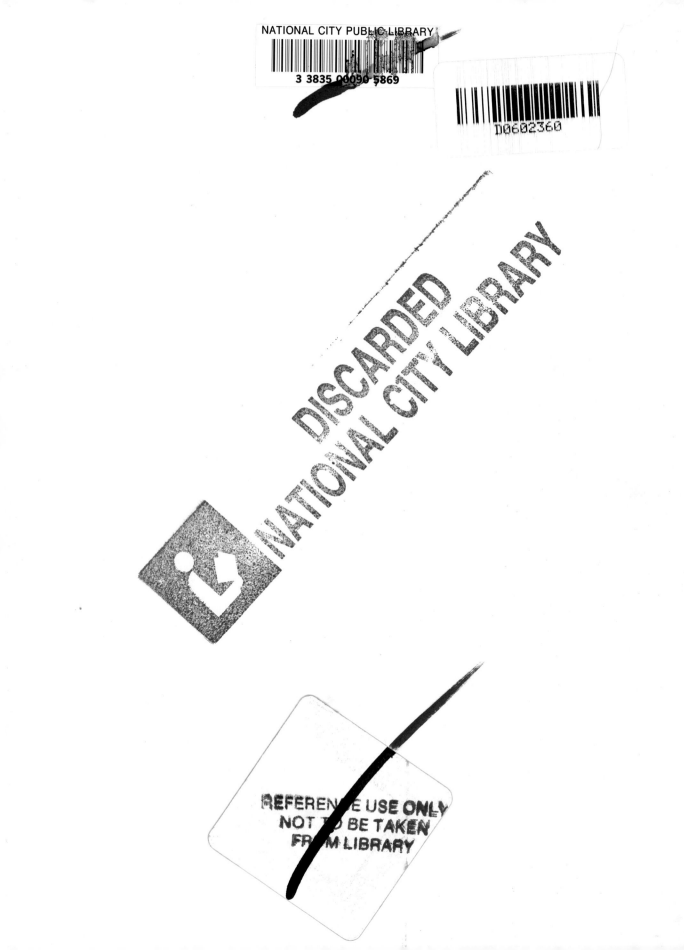

ENCICLOPEDIA DE LA SALUD PARA TODA LA FAMILIA

ENCICLOPEDIA DE LA SALUD PARA TODA LA FAMILIA

EL CUERPO: ATENDERLO Y VIGILARLO

Funcionamiento y control del cuerpo;
la lucha contra el estrés. Primeros auxilios y glosario.

Dr. Stephen Carroll • **Dr. Tony Smith** EDITOR MÉDICO
Dr. Andrés Prat REVISIÓN Y ADAPTACIÓN

grijalbo
grijalbo mondadori

A DORLING KINDERSLEY BOOK
Conceived, edited and designed by DK Direct Limited

Título original:
The Complete Family Guide to Healthy Living

Traducción:
Ursel Fischer

Corrección científica y adaptación de la edición española:

Dr. Andrés Prat Marín
Profesor Titular de Medicina Preventiva y Salud Pública
Médico Adjunto del Servicio de Medicina Preventiva
Hospital Clínico y Provincial de Barcelona
Facultad de Medicina. Universidad de Barcelona

Coordinación de la edición española:
Cristina Rodríguez Fischer

Segunda edición, 1995

ISBN: 84-253-2591-9 (obra completa)
ISBN: 84-253-2653-2 (Vol. 2)
Depósito legal: To. 7-1995

Impreso en Artes Gráficas Toledo, S.A., Toledo

CONTENIDO

El estrés puede dar a tu vida una nota excitante. Pero si éste es excesivo podría resultar nocivo para tu bienestar físico y emocional. Aprende cómo reconocer la señal de alarma causada por un exceso de estrés y cómo controlar tu tensión diaria a través de masajes, ejercicios de relajación, yoga y meditación.

El cuerpo humano es una máquina maravillosa capaz de realizar y ejecutar una amplia gama de tareas complejas. ¿Sabes realmente cómo funciona? Con la ayuda de un diagrama práctico, este capítulo te explica cómo funciona cada parte de tu organismo, desde el cerebro hasta el sistema digestivo, y desde el latido cardíaco hasta el sistema inmunitario.

Analiza y comprende los síntomas que describirías a tu médico, así como lo que realmente significan los resultados de tus análisis y las ventajas que presenta el hacerse un examen físico rutinario. Con la ayuda de una guía «paso a paso» podrás llevar a cabo un auto-examen que te ayude a detectar enfermedades tales como el cáncer de piel o de mama.

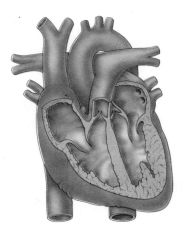

Respuesta automática

Enfrentado a una situación de estrés, el corazón comienza a latir aceleradamente, la respiración se hace más profunda, brota el sudor y se dilatan las pupilas.

También los niños padecen estrés

No solamente los adultos pueden encontrarse en una situación de estrés excesivo. El nerviosismo y el sonambulismo son, entre otros, síntomas de estrés infantil.

Superando la depresión

El fallecimiento de un miembro de la familia, o de un amigo íntimo, son hechos generadores de un gran estrés. El dolor sufrido puede conducir a una profunda depresión, aunque la vida puede volver a sus cauces normales con la ayuda de la familia y de los amigos.

CAPÍTULO SEIS

HACER FRENTE AL ESTRÉS

TODOS LOS HUMANOS NECESITAN UN RETO, una meta, pero si ésta resulta imposible de alcanzar, se establece un intolerable nivel de estrés.

El estrés estimula y motiva a la gente. Normalmente, se tolera un cierto nivel de estrés como parte de la rutina de la vida cotidiana, como algo que la hace interesante y excitante. Pero si las exigencias que se ejercen sobre la persona son de demasiada intensidad, las pequeñas dificultades pueden llevar a un exceso de estrés y perjudicar la salud, ocasionando insomnio, tensión, dolores de espalda y cuello, así como otras enfermedades directamente relacionadas con el estrés.

Algunas personas parecen vivir cómodamente bajo un determinado nivel de estrés, en tanto que otras no son capaces de tolerarlo. Analizando tus hábitos emocionales y tu conducta puedes determinar hasta qué extremo te afecta el estrés y aprender a identificar las señales que te previenen de un estrés excesivo. Existen numerosas maneras de aminorar esta tensión. Entre ellas se pueden contar los ejercicios de relajación, la meditación, el yoga y el ejercicio físico.

Se calcula que en algunos países de Europa, millones de personas acuden a su médico de cabecera por sentirse deprimidos o ansiosos. Las encuestas han mostrado que aproximadamente el mismo número de personas acusan los síntomas de estas enfermedades relacionadas con el estrés, pero no solicitan ayuda médica.

Si sufres dificultades emocionales que afectan a tu salud o bienestar, lo mejor que puedes hacer es consultar a tu médico. La búsqueda de ayuda es el paso más importante a dar para encontrar una solución a tus problemas. El consejo adecuado, la terapia conductual, una breve medicación o el psicoanálisis pueden resultar favorables para tu propio bienestar.

Problemas matrimoniales
Las relaciones matrimoniales pueden ser una de las causas primordiales de un elevado nivel de estrés.

El masaje supresor de problemas
Un masaje adecuado puede aliviar el dolor, relajar los músculos y proporcionar una piel más flexible. El relajamiento disminuye el nivel de estrés.

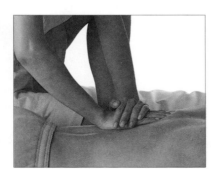

El tratamiento para combatir el estrés
Existen diversas maneras de reducir el estrés laboral al que te encuentras sometido. Debes aprender a delegar el trabajo y a rechazar tareas imposibles.

171

¿TE ENCUENTRAS SOMETIDO A ESTRÉS?

Cualquier tipo de acontecimiento o situación pueden conducirte a un estado de estrés excesivo.

EL ESTRÉS ES UN PROBLEMA común que va aumentando gradualmente. Posiblemente no serás consciente del nivel de estrés que soportas hasta el momento en que éste alcance una proporción crítica. Por consiguiente, es importante aprender a reconocer los síntomas que te indican que el nivel de estrés es demasiado elevado.

Determina cuán susceptible es tu propia personalidad a las consecuencias perjudiciales del estrés; establece el nivel actual de estrés en tu vida; y confirma si estás mostrando alguno de los síntomas relacionados con el mismo, respondiendo a las siguientes preguntas.

P ¿Eres competitivo y agresivo en todo lo que haces?

R
• No. Evito toda confrontación innecesaria.
• Sí. Me esfuerzo en alcanzar el éxito en todas mis actividades.

No hay nada malo en el deseo de alcanzar el éxito. Sin embargo, sería una buena idea el participar en, al menos, una actividad no competitiva, con el fin de reducir tensiones.

P ¿Repasas una y otra vez los hechos del día y te preocupas por ellos?

R
• No.
• A veces.
• Sí.

Pensar constantemente en el pasado o preocuparte sobre los hechos futuros aumenta considerablemente el nivel de estrés en tu vida. Intenta no preocuparte en demasía. No tiene sentido el inquietarte sobre acontecimientos en los que no tienes ningún control.

P ¿Te resulta difícil expresar tus sentimientos y ansiedades en voz alta?

R
• No.
• Sí.

Las personas que constantemente reprimen sus emociones presentan una mayor tendencia a desarrollar un nivel perjudicial de estrés. En ocasiones, el ser capaz de llorar o gritar es un buen camino para reducir la tensión.

P ¿Careces de ambición y esperas siempre que otros te impulsen a la acción?

R
• No.
• A veces.
• Sí.

Si permites que los hechos ocurran y no intentas nunca ejercer un control sobre tu vida estás aumentando el riesgo de padecer estrés. Sé positivo. Puedes combatir tu apatía, fomentar tu confianza y, consecuentemente, eliminar el estrés.

P ¿Asumes demasiadas responsabilidades?

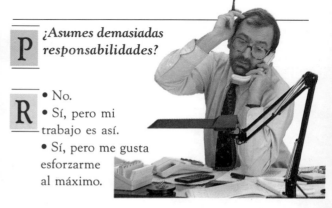

R
• No.
• Sí, pero mi trabajo es así.
• Sí, pero me gusta esforzarme al máximo.

Es un auténtico arte el saber decir «no» a peticiones exageradas. Si generas tu propio estrés esforzándote en demasía, intenta mejorar el manejo de tu tiempo, aumenta el volumen de trabajo que delegas y dedica parte de tu tiempo a relajarte.

P *¿Te resulta difícil relacionarte?*

R
• No.
• Sí.

Si tienes amigos íntimos o familiares en quienes confiar, serás capaz de recuperarte más fácilmente de una situación de estrés grave. El consejo de un amigo, o un hombro sobre el que apoyarse y llorar, pueden establecer una gran diferencia y permitirte soportar la situación al menos hasta que pase la crisis.

P *¿Padeces algunos de los síntomas de estrés?*

R Si padeces más de cuatro de los síntomas relacionados con el estrés que aparecen en la lista de la derecha, probablemente sufras de un exceso de estrés.

P *¿Ha cambiado tu vida, de forma notable, en los últimos seis meses?*

R
• Algunos aspectos de mi vida han cambiado, en tanto que otros permanecen invariables.
• No. Todo es igual a como era antes.
• Sí. Han cambiado muchos aspectos de mi vida.

Los acontecimientos y actividades nuevas proporcionan variedad a la vida, reducen el estrés y contribuyen a mantener el buen estado de salud.

P *¿Cuántas actividades o ámbitos de interés posees, además de tu trabajo?*

R
• Muchas.
• Solamente unas cuantas.
• Ninguna.

El trabajar durante demasiadas horas sin tomarte un respiro para realizar otras actividades aumenta el riesgo de sufrir estrés. Cualquier actividad que te distraiga te ayudará a eliminar tensiones y a mantenerte alegre y relajado.

SÍNTOMAS DE ESTRÉS

• Dificultades habituales para conciliar el sueño.

• Frecuentes deseos de llorar.

• Sentirse constantemente cansado o somnoliento.

• Reír o sonreír en pocas ocasiones.

• Dificultades para concentrarse y para tomar decisiones.

• Aparición de tics nerviosos.

• Frecuentes dolores de cabeza y musculares.

• Incapacidad para hablar con otras personas.

• Sufrir de enojos repentinos.

• Sentirse incapaz de actuar.

• Beber alcohol o fumar en demasía.

• Sufrir ataques de ira.

• Perder interés en el sexo.

• Tener pensamientos tristes y pesimistas constantes.

• Comer sin apetito.

• Falta de entusiasmo.

• Conducir rápida y peligrosamente.

El Equilibrio del Estrés

Lo que para algunas personas constituye un reto, para otras representa una situación de estrés excesivo.

LA ESCALA DE VALORES DEL ESTRÉS

Los psicólogos han cuantificado el estrés generado por diversos acontecimientos y asignado una puntuación a cada uno de ellos. Dado que cada persona reacciona de forma diferente al estrés, estos valores solamente son aproximados. Pueden proporcionarte una guía para predecir las posibilidades de que tu salud física o mental resulte afectada a consecuencia del estrés.

Suma los puntos asignados a cada uno de los acontecimientos que se citan a continuación y que te hayan ocurrido durante los últimos seis meses. Si el total es superior a 40, corres un gran riesgo de desarrollar una enfermedad relacionada con el estrés.

ENFRENTARSE AL ESTRÉS

Algunas personas medran bajo el estrés y lo aprovechan, en tanto que otras lo consideran insoportable y lo evitan. La capacidad de cada individuo para manejar el estrés viene determinada por la personalidad y por la capacidad de actuar bajo diferentes tipos de presión.

EL ESTRÉS ES UN FACTOR vital que posee aspectos positivos y negativos. El estrés pone la chispa a tu vida, te motiva y te empuja hacia algún objetivo. Tanto el exceso como la falta de estrés puede afectar tu bienestar emocional.

Los riesgos y los beneficios del estrés

Los problemas se presentan cuando el estrés no aparece de forma temporal, sino de un modo permanente. En una situación ideal, el estrés debería presentarse cuando nos enfrentamos a un reto en concreto y desaparecer una vez se han resuelto los problemas o se han superado las dificultades.

Los accesos de estrés de corta duración, que pueden resultar agradables o desagradables, vienen seguidos de una situación de reposo. No obstante, si el estrés y la tensión no cesan, el descanso resulta imposible.

2 puntos	3 Puntos	5 Puntos	6 Puntos	7 Puntos
Delitos menores	*Cambio en los hábitos de sueño*	*Cambio de domicilio*	*Un hijo abandona la casa de los padres*	*Un nuevo trabajo*
	Salir de vacaciones	*Cambio de escuela / colegio / Universidad*	*Inicio o finalización del período escolar*	*Cancelación anticipada de un préstamo o hipoteca*
	Fiestas de Navidad	*Obras de ampliación de la casa o realización de mejoras importantes en la misma*	*Discusiones en el trabajo o en el hogar*	*Cambio de trabajo*
	Cambios en los hábitos alimentarios	*Cambios en las condiciones o hábitos laborales*	*Síndrome del cambio de huso horario*	
	Cambios en las actividades sociales	*Cónyuge empieza o deja de trabajar*	*Heridas o enfermedades leves*	
	Cambios en las actividades religiosas		*Grandes hipotecas*	
	Cambios en los métodos de esparcimiento o actividades de ocio		*Deudas económicas*	

Cómo encontrar un nivel equilibrado de estrés

Los actores y los atletas utilizan el estrés como complemento para obtener el máximo rendimiento de sí mismos. Para ellos, el estrés es un método para mejorar su vida, les resulta regocijante y necesario para alcanzar sus objetivos.

Tú puedes lograr que el estrés actúe en beneficio tuyo, utilizando técnicas de relajamiento para combatir el estrés que no puedes controlar y organizando tu vida de modo que no te crees, a ti mismo, un estrés excesivo. Si se mantiene bajo control, el estrés puede hacer que la vida sea más excitante y estimulante.

11 puntos
Lesiones o enfermedades personales importantes
Matrimonio o reconciliación
Despido del trabajo

15 puntos
Divorcio
Fallecimiento de un miembro cercano de la familia
Encarcelamiento

20 puntos
Fallecimiento del cónyugue

8 puntos
Problemas sexuales
Fallecimiento de un amigo íntimo
Cambios drásticos en la situación financiera
Degradación en el trabajo

9 puntos
Embarazo
Enfermedad de algún miembro de la familia
Jubilación

Señales Premonitorias del Estrés

SÍNTOMAS CLAVE DEL ESTRÉS

Si experimentas alguno de los síntomas que se relacionan a continuación es posible que te halles sometido a un estrés excesivo:

 • Sentirse constantemente tenso o con los nervios de punta.

 • Tener dificultades para conciliar el sueño, o bien para relajarse.

 • Estar indeciso o falto de concentración.

 • Volverse irritable o impaciente.

• Dolores musculares y jaquecas recurrentes.

• Incremento en el consumo de las bebidas alcohólicas o del tabaco.

El hecho de reconocer que te encuentras saturado de estrés es el primer paso para recuperar el control de tu salud y el bienestar emocional.

EL CUERPO HUMANO está diseñado para responder a las situaciones de estrés, aunque de un modo más físico que mental. Esta reacción primitiva, e inmediata, se conoce como de «lucha o escape / evitación». Prepara al cuerpo para un esfuerzo vigoroso, ya sea en una confrontación violenta, o bien, en una precipitada huida en busca de seguridad.

La reacción del cuerpo ante el estrés

Aún cuando la amenaza sea más emocional que física, se presentan las mismas reacciones fisiológicas: el corazón late más rápidamente, los músculos se tensan y se incrementa la transpiración. Sin embargo, estos cambios no pueden proteger al cuerpo de presiones psicológicas tales como la frustración.

Un individuo sometido constantemente a situaciones amenazadoras, en las que el cuerpo inicia la respuesta automática, pero que no es capaz de dominar ni escapar de ellas, se encontrará siempre tenso y estresado.

Todo el mundo es susceptible de sufrir estrés, pero algunos tipos de personas son más susceptibles que otros a padecer los problemas médicos relacionados con el estrés, como las úlceras gástricas. Si aprendes a reconocer las señales de estrés serás capaz de reducir la presión de la vida cotidiana antes de enfermar.

ACCIÓN INMEDIATA

No ignores las molestias ni los dolores. Estos te pueden estar alertando de que estás sometido a un estrés excesivo. Da los pasos necesarios para reducir la tensión, antes de que estalle la crisis.

¿ESTÁ TU HIJO SOMETIDO A ESTRÉS?

Se puede decir que se encuentran sometidos a estrés todos aquellos niños que, en edades comprendidas entre los cinco y los doce años, permanecen siempre en compañía de un adulto, no son capaces de jugar con otros niños, no pueden dormir solos o no pueden quedarse solos en una habitación. Otras señales de estrés infantil son:

• Frecuentes quejas de dolor de cabeza o de dolores abdominales.
• Sobresaltarse o acobardarse fácilmente cuando se asustan.
• Aparecer nerviosos o fruncir el ceño con frecuencia.
• Mostrar dificultades para conciliar el sueño, sufrir regularmente de pesadillas o de sonambulismo.

Angustia de los adolescentes

Los adolescentes se ven obligados a enfrentarse a muchos acontecimientos generadores de estrés. Si tu hijo o hija muestran señales de estrés, habla con ellos o consulta a tu médico.

EL ESTRÉS Y EL RITMO CARDÍACO

Cualquier manifestación de estrés incrementa el ritmo cardíaco, poniendo al cuerpo en la situación de «lucha o escape/evitación». Cuando este elevado ritmo cardíaco mantiene relación con una actividad física, se trata de una respuesta adecuada ya que permite al cuerpo reaccionar convenientemente. Pero cuando el cuerpo se excita sin que esta excitación se vea acompañada de una respuesta muscular, es cuando el estrés puede resultar perjudicial. El siguiente gráfico muestra cómo se comporta el pulso frente al estrés, durante un día laborable habitual.

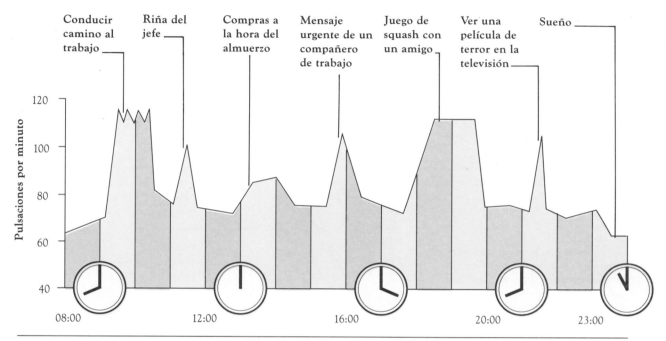

Conducir camino al trabajo — Riña del jefe — Compras a la hora del almuerzo — Mensaje urgente de un compañero de trabajo — Juego de squash con un amigo — Ver una película de terror en la televisión — Sueño

Pulsaciones por minuto

120 · 100 · 80 · 60 · 40

08:00 · 12:00 · 16:00 · 20:00 · 23:00

LA RESPUESTA DE LUCHA O ESCAPE/EVITACIÓN

La generación por parte de las glándulas correspondientes de hormonas tales como la adrenalina, la noradrenalina y la cortisona, así como la activación de los nervios del sistema simpático, preparan al cuerpo para luchar o escapar. Esta respuesta a la amenaza es normal en todos los animales, no solamente en el hombre. Puede resultar beneficiosa, ya que, por ejemplo, puede mejorar el rendimiento deportivo. Algunas de las señales de esta respuesta de lucha o escape/evitación son:

• El corazón late violentamente.
• La respiración se acelera.
• Los músculos reciben un mayor flujo sanguíneo.
• Aumentan los niveles de azúcar.
• Las pupilas se dilatan para permitir una mejor percepción de la luz.
• Aumenta la emisión de sudor.

La respuesta de lucha o escape/evitación en los animales
Los animales y los humanos reaccionan de la misma forma frente a las situaciones de gran estrés o amenaza. Sus cuerpos asumen, automáticamente, la respuesta de lucha o escape. En los gatos, por ejemplo, se arquea el lomo, se eriza el pelo y los bigotes, aplanan las orejas y se dilatan las pupilas.

EL ESTRÉS Y LAS ENFERMEDADES

El exceso de estrés aumenta el riesgo de contraer enfermedades o de sufrir lesiones.

RESULTA PRÁCTICAMENTE imposible evitar las situaciones de estrés y los hechos generadores del mismo. De hecho, no sería sano el lograrlo ya que el estrés es un elemento esencial de la vida. Mantenido bajo control, puede mejorar tu rendimiento y eficacia y, además, mantenerte alerta y fuera de peligro.

Sin embargo, un período prolongado de estrés intenso, o varias causas menores de estrés, no son buenos para tu salud.

EFECTOS DEL ESTRÉS SOBRE EL ORGANISMO

Las investigaciones al respecto han demostrado que las personas sometidas a cantidades crecientes de estrés resultan cada vez más susceptibles de padecer enfermedades físicas y de sufrir trastornos mentales. Todavía no se han comprendido suficientemente las razones para que suceda así, pero las siguientes partes del cuerpo parecen ser las más afectadas por el estrés:

Cabello
Algunos tipos de calvice han podido ser directamente relacionados con altos niveles de estrés.

Cerebro
Muchos trastornos mentales y emocionales pueden ser inducidos por el estrés. En casos extremos, un estrés demasiado prolongado puede provocar el llamado colapso nervioso, en el cual las personas no son capaces de afrontar ni siquiera los problemas cotidianos más elementales.

Corazón
El estrés puede aumentar la presión sanguínea lo que, a su vez, aumenta el riesgo de sufrir un ataque cardíaco. Sin embargo, la tensión no es la única causa ni la más importante, de la presión sanguínea elevada. Otros factores, tales como los genes, la dieta o el ejercicio físico desempeñan un papel fundamental.

Sistema inmunológico
Un estrés prolongado puede debilitar el sistema inmunológico. Los afectados resultan más propensos a sufrir infecciones menores, tales como resfriados y forúnculos.

Aparato digestivo
Se ha demostrado que el estrés causa, o agrava, muchas enfermedades del aparato digestivo, incluyendo las gastritis, úlceras gástricas, síndrome de colon irritable y colitis.

Boca
Los individuos que se encuentran en baja condición física a consecuencia de un estrés excesivo desarrollan, con frecuencia, úlceras bucales.

Músculos
Cuando un individuo permanece sometido a un estrés excesivo sufre más tirones musculares y se le acentúan los tics nerviosos.

Piel
Durante los períodos de estrés excesivo, pueden presentarse repentinos accesos de eccema o psoriasis.

Pulmones
Algunas personas que padecen asma ven agravado su padecimiento durante los períodos en que sufren problemas emocionales.

Órganos reproductores
El estrés es capaz de provocar distintos tipos de trastornos menstruales. Incluso puede llegar a desaparecer el período (amenorrea). En el hombre el estrés es la causa más frecuente de impotencia, así como de eyaculación precoz.

Vejiga
Para muchas mujeres, y algunos hombres, una vejiga irritable es la respuesta automática a las diferentes situaciones de estrés.

Un estrés excesivo sitúa a tu organismo en una posición de trastorno emocional. Esta agitación puede afectar a una serie de órganos y sistemas del cuerpo humano y, en algunos casos, ocasionar diversos tipos de enfermedad.

UN PROBLEMA FRECUENTE

Se considera que al menos un 60 % de las visitas al médico se hallan directamente relacionadas con el estrés. Existen numerosos factores que pueden provocar estos síntomas, pero las preocupaciones económicas o laborales son las más frecuentes. Dado que ha aumentado el número de mujeres que trabajan, la cifra de hombres y mujeres que muestran los síntomas ocasionados por el estrés debido a presiones laborales es prácticamente equivalente.

LA INFLUENCIA DE LA PERSONALIDAD SOBRE LA SALUD

El estrés afecta a la presión sanguínea, aunque no se ha podido probar que tu capacidad para manejar el estrés afecte al riesgo de padecer un ataque cardíaco. Se ha sostenido que los tipos agresivos (tipo A) son más propensos a padecer ataques cardíacos que los del tipo relajado (tipo B). Sin embargo, hoy en día se considera que el fumar y el tipo de dieta ejercen una mayor influencia sobre tu salud.

Personalidad tipo A
Las personas que son sumamente competitivas, que encuentran difícil delegar el trabajo y tienen pocos intereses además del laboral son más susceptibles de padecer estrés

Personalidad tipo B
Las personas que poseen una capacidad de relajamiento fácil y que no son demasiado competitivas muestran una menor tendencia a desarrollar problemas relacionados con el estrés.

¿UNA CUESTIÓN MENTAL?

Una enfermedad psicosomática es un trastorno causado o agravado debido a factores psicológicos tales como el estrés. Sin embargo, debido a que casi todas las enfermedades están ligadas a tu estado mental, se considera que una situación patológica es psicosomática si los problemas emocionales dominan tu vida. Las enfermedades psicosomáticas no son, únicamente, imaginarias, sino que constituyen verdaderos problemas médicos.

Cómo combatir los síntomas
Reducir el estrés, por ejemplo, practicando ejercicios diarios de relajación, puede contribuir a eliminar los síntomas de las enfermedades psicosomáticas.

EL EFECTO PLACEBO.

Tu estado mental puede influir sobre tu salud. En un 40 % de los casos, la ingestión de una tableta que contiene únicamente azúcar (un placebo) resulta suficiente para eliminar los dolores, la ansiedad y otros síntomas. El simple hecho de que el individuo crea que la tableta le producirá efecto es suficiente mir diversos síntom

El Control del Estrés

Aunque no es posible evitar completamente el estrés puedes mejorar tu capacidad para convivir con él.

En algún momento de sus vidas, todas las personas experimentan el estrés, frecuentemente como consecuencia de acontecimientos que se encuentran fuera de su control. Sin embargo, tú puedes aprender a controlar sus efectos sobre ti mismo, sean cuales fueran los orígenes del estrés en tu vida.

Existen una serie de medidas sencillas para reducir la tensión, tales como la meditación o el enfrentarse a la causa de tus problemas. El aprender y ejecutar estas técnicas antiestrés puede mejorar tu capacidad para actuar en situaciones cargadas de estrés.

Cómo reducir tu nivel de estrés

El primer paso para reducir el estrés consiste en identificar su causa. El hecho de llevar a cabo cualquier cosa para eliminarlo resultará beneficioso, ya que ello es una señal de que no te encuentras todavía preparado para resistir un nivel de presión fuera del límite.

A veces no resulta sencillo identificar la causa del estrés. Para ayudarte a delimitar el problema, cada vez que notes que te abruma la ansiedad, toma nota de las circunstancias y, si te es posible, establece un esquema. A medida que vayas profundizando más y más en las características de tus reacciones frente a las personas y a las situaciones llegarás a descubrir qué es lo que no funciona correctamente.

Haz una lista de todas las cosas que te turban, situándolas por orden de prioridad. A continuación, y comenzando por el problema que te causa un mayor enfado, ansiedad o estrés, busca el camino para resolverlo o para convivir con él. A medida que vayas resolviendo cada uno de los problemas, avanza en la lista, aunque siempre atacando las causas del estrés una a una.

Comentar los problemas

Con frecuencia, un buen camino para encontrar la solución a lo que te preocupa es discutir y hablar sobre el problema. Una vez hayas determinado cuáles son las raíces de tu ansiedad, coméntalo ampliamente con un amigo o con la persona que constituye la causa del problema.

El admitir que no eres capaz de resolver el problema por ti mismo puede resultar complicado y embarazoso. No obstante el involucrar a otra persona en tus propias dificultades puede acelerar el proceso de conseguir una solución constructiva.

Controlando la situación

Organiza tu tiempo para reducir tu nivel de estrés. Plantea con antelación, no te sobrecargues en tus compromisos y tómate el tiempo necesario para relajarte.

Enfrentarse al estrés cotidiano
Una dieta equilibrada puede contribuir a que tu organismo sea capaz de enfrentarse más efectivamente al estrés. No es necesario que tomes ningún complemento de vitaminas contra ‹trés».

EL ENFRENTARSE A UNA CRISIS VITAL

Una crisis te puede llevar a un estado de estrés. Las siguientes estrategias pueden ayudarte en esas situaciones:

• Aprende a reconocer una situación crítica.
• Busca y escucha el consejo profesional.
• No hurgues en los acontecimientos del pasado ni eches la culpa a otras personas.
• No te preocupes sobre los acontecimientos futuros que se encuentran fuera de tu control.
• Enfrenta cada problema por separado.

• Haz una lista de tus preocupaciones.
• Establece una rutina cotidiana.
• Aleja de la mente tus preocupaciones mediante el ejercicio físico u otra actividad de esparcimiento.
• No intentes encontrar soluciones a tus problemas inmediatamente antes de irte a dormir.
• Consulta al médico o a un psicólogo antes de que el estrés se acumule o alcance niveles intolerables.

TRANQUILIZANTES

Aun cuando los tranquilizantes pueden ser de ayuda en algunos casos de estrés excesivo como, por ejemplo, en el caso de la pérdida de un ser querido, no constituyen una buena solución a largo plazo. Toma tranquilizantes durante un período de tiempo breve a fin de evitar la posibilidad de generar una dependencia. Esto te dará también la oportunidad de desarrollar tu propia capacidad para convivir y luchar contra las tensiones a que te encuentres sometido.

Dar y recibir consuelo
Recurrir a la familia y a los amigos para solicitar ayuda y apoyo puede aliviar tus propias dificultades haciéndolas menos estresantes.

MÉTODOS PARA CONTROLAR EL ESTRÉS

Las situaciones de estrés pueden ser inevitables y estar fuera de nuestro control, pero la ansiedad que generan puede ser amortiguada utilizando las siguientes técnicas.

Estas técnicas contribuyen a reducir el estrés de la vida cotidiana sirviendo como válvula de escape al estrés acumulado y descubriendo las señales que nos previenen del mismo.

 Descansa durante períodos regulares de tiempo. Un corto período de descanso durante el día, después de una sesión de esfuerzo concentrado, ya sea físico o mental, o al sentirte frustrado a causa de un determinado proyecto, te ayudará a dejar escapar la presión.

 Planifica tus actividades de cada día. Si haces una lista de todo lo que tienes que realizar, estableciendo metas asequibles, diciendo «no» a los plazos imposibles y acabando completamente una tarea antes de pasar a la siguiente, obtendrás una sensación de control.

 Sé realista. Intenta no proponerte demasiadas actividades. A veces, a fin de aligerar un programa demasiado cargado, te será necesario cambiar de idea o de compromisos.

 Cuida tu vida social. Es importante desarrollar intereses ajenos a tu carrera y a tu familia. No relegues a tus amigos a un segundo plano en favor de los compromisos laborales o familiares.

 Visita al médico. Si el estrés en tu vida ha llegado a límites intolerables o te está causando problemas físicos o depresiones consulta a tu médico.

 Practica ejercicio físico con regularidad. La actividad física reduce las tensiones, te ayuda a dormir mejor, a liberar las emociones reprimidas y a alejar tu mente de las preocupaciones. Escoge una actividad cuyo objetivo no sea la competición.

 Relájate. Te ayudará a reducir los primeros síntomas de estrés, tales como las jaquecas, dolores musculares o dificultades para conciliar el sueño. El relajamiento muscular progresivo, la meditación y el yoga son buenos métodos para ayudarte.

 Habla sobre tus problemas. Tu pareja, un amigo o un miembro de tu familia pueden ser interlocutores válidos para encontrar una solución. Hablar sobre tus sentimientos puede ayudarte.

 Haz vacaciones o toma cortos períodos de descanso para cambiar de ambiente. Es mejor salir de casa si, permaneciendo en ella, vas a realizar actividades estresantes.

 Evita hacer demasiados cambios al mismo tiempo. Todos aquellos acontecimientos que implican un cambio en tu vida resultan más fáciles de sobrellevar si no se agrupan.

Ejercicios de Relajación

La relajación reduce la tensión muscular causada por el estrés y mejora tu salud.

L A RELAJACIÓN ES una habilidad que requiere de un aprendizaje. Cuando, en ocasiones, el estrés te haga sentir tenso, tienes la posibilidad de practicar una serie de técnicas que te ayudarán a relajarte.

Muchos de los ejercicios de relajación pueden practicarse en cualquier lugar y en cualquier momento. Dan mejores resultados si se practican con regularidad y no solamente cuando te sientes a punto de estallar. Adquirir la capacidad de relajarse, sin necesidad de un esfuerzo especial, te será de máxima utilidad cuando te encuentres sometido a una mayor presión.

La relajación destinada a reducir el dolor

Se ha demostrado que la relajación cotidiana no sólo reduce la tensión muscular sino que también resulta efectiva para mitigar el dolor de cabeza y espalda en algunos casos recurrentes. Puede incluso reducir la presión sanguínea en casos de personas que siguen un tratamiento contra la hipertensión (presión sanguínea demasiado elevada).

OTROS MÉTODOS DE RELAJACIÓN

• Respira profunda y regularmente durante cinco minutos.
• Cierra los ojos y cuenta regresivamente desde veinte, pronunciando en silencio cada número al ritmo que espiras.
• Cierra los ojos e imagina una escena agradable durante cinco minutos.
• Practica ejercicios violentos a fin de reducir la tensión muscular.

EJERCICIOS PARA REDUCIR LA TENSIÓN FÍSICA

La siguiente rutina de ejercicios puede relajar los músculos tensos y contraídos a causa del estrés. Utiliza ropa confortable que te permita realizar una amplia libertad de movimientos. Antes de comenzar, quítate los zapatos y las gafas o lentillas.

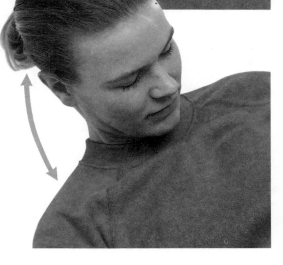

1 Tiéndete en el suelo de una una habitación tranquila, de buena temperatura y con luz tenue. Cierra los ojos. Deja que los pies caigan hacia los lados y que los brazos se separen del cuerpo con las palmas de las manos hacia arriba y con los dedos relajados. Aspira y espira suave y profundamente a tu ritmo natural de reposo.

2 Contrae los músculos faciales y déjalos relajarse, sintiendo como si tu piel se deslizara hacia el suelo.

3 Levanta la cabeza y déjala caer suavemente. Relaja la mandíbula y el cuello de modo que sientas cómo se abre la garganta.

Sigue cada uno de los pasos y repítelos durante, al menos, diez minutos. Deberás sentir tu cuerpo completamente relajado. Permanece de esta forma durante algunos minutos más. Practica algún ejercicio de calentamiento suave antes de volver a las actividades normales.

4 Presiona los hombros contra el suelo y, a continuación, relájalos.

5 Levanta y estira los brazos y dedos. Mantenlos rígidos durante unos segundos y, después, déjalos relajarse completamente.

6 Separa las nalgas del suelo y déjalas caer, sintiendo cómo la columna vertebral se estira y relaja.

7 Manteniendo los talones juntos, estira las piernas y dedos de los pies, dejándolos, después, relajarse completamente.

EJERCICIOS RESPIRATORIOS

Los ejercicios respiratorios también pueden ser utilizados como ayuda para relajarte. La costumbre de respirar profundamente puede ser un arma efectiva contra la tensión.

• Siéntate en una habitación tranquila con los pies planos y apoyados sobre el suelo.
• Toma plena conciencia de que la silla soporta tu peso completamente y relaja los hombros.
• Respira lenta y profundamente, espirando durante un tiempo de aproximadamente el doble del empleado para aspirar (puedes controlar este extremo contando en silencio).
• Continúa durante cinco minutos, pero interrumpe el ejercicio si te empiezas a sentir mareado.
• Mientras te concentras en mantener el ritmo respiratorio, intenta alejar tu mente de cualquier otro pensamiento.
• Practica este ejercicio dos veces cada día.

MEDITACIÓN Y YOGA

Tradicionalmente la meditación ha sido un elemento fundamental de muchas religiones, en particular de las basadas en las filosofías orientales. El objetivo de la meditación es encontrar la tranquilidad, vaciando la mente de pensamientos perturbadores y preocupaciones.

Existe un buen número de organizaciones que enseñan técnicas de meditación. Sin embargo, no es difícil aprender esta técnica.

Una técnica sencilla de meditación

Para empezar a meditar, siéntate con las piernas cruzadas (o si esta posición no te resulta cómoda, en cualquier otra postura relajada), con la espalda recta y los ojos cerrados, en una habitación tranquila donde nadie te pueda molestar.

Una vez que tu respiración se haya regularizado, escoge una palabra que no tenga ningún significado emocional para ti y repítela en silencio y sin mover los labios. Presta mucha atención al sonido de la palabra y no al significado de la misma..

Como alternativa, fija la mirada en un objeto inmóvil, como un motivo ornamental de la pared, pero no intentes analizar lógicamente ni su perfil ni su forma.

Si notas que tu mente comienza a divagar, o que algunos pensamientos intentan introducirse en ella, vuelve poco

Muchas personas han optado por la meditación o el yoga como método para relajarse, tanto física como mentalmente.

a poco a la palabra, frase u objeto que hayas escogido. No te esfuerces en eliminar esos pensamientos o imágenes. Trata únicamente de no seguirlos ni de preocuparte de lo bien o mal que lo estás haciendo.

Al principio, medita de esta manera durante cinco minutos, dos veces al día. Más adelante, cuando te vayas acostumbrando, aumenta gradualmente los pe-

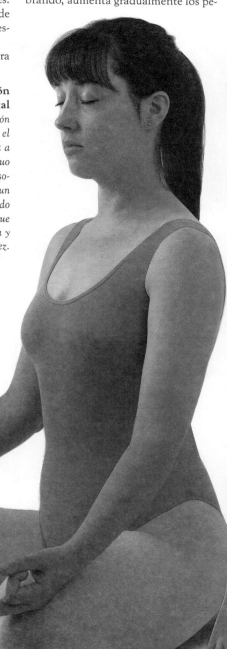

La meditación trascendental
En la meditación trascendental, el instructor da a cada individuo una palabra personal y secreta, o un sonido denominado mantra, para que lo repita una y otra vez.

HATHA YOGA

El hatha yoga te prepara para formas más elevadas de meditación, restaurando el equilibrio del cuerpo y la mente, utilizando movimientos y posturas denominadas asanas y técnicas de respiración llamadas pranayamas, destinadas a relajar el cuerpo y calmar la mente. Se trata de una técnica muy popular en varios países de Europa porque, además de sus poderosos efectos relajantes, incrementa la flexibilidad, la fuerza, el equilibrio y la coordinación.

ríodos de meditación hasta que lo logres durante veinte minutos en casa sesión.

Beneficios de la meditación

Experimentos clínicos han demostrado que la meditación realizada regularmente puede ser una terapia útil para reducir los niveles de estrés y aliviar muchos trastornos. Si bien los pensadores experimentados pueden utilizar estas técnicas como senda hacia diversas experiencias espirituales, para la mayoría de las personas se trata únicamente de un método para reducir la tensión interna y la falta de tranquilidad.

Durante la meditación se puede presentar una marcada reducción en el consumo de oxígeno, ya que se reduce el metabolismo celular. Al mismo tiem-

Yoga
La torsión espinal es una posición excelente que ayuda a desarrollar una mayor flexibilidad en la columna vertebral y a aliviar los dolores de espalda.

po, las mediciones de la actividad eléctrica cerebral muestran un aumento de las ondas alfa, que son las ondas lentas relacionadas con la relajación.

Asimismo, se reducen el pulso y el ritmo respiratorio. Sin embargo, la presión sanguínea solamente baja en aquellos casos en los que el proceso de meditación se ha iniciado con un valor ligeramente elevado de la misma.

Meditar de un modo regular también puede contribuir a controlar el abuso de alcohol en aquellos individuos que han comenzado a beber para reducir la tensión y la ansiedad.

Beneficios del yoga

Una meditación exitosa es el objetivo final del yoga, un sistema mixto de filosofía hindú y disciplina física que enseña movimientos coordinados y posturas, relajación y control de la respiración, así como técnicas de meditación. Los practicantes adoptan posiciones que ejercitan casi todo el cuerpo utilizando, al mismo tiempo, técnicas de respiración controlada.

Practicado correctamente, el yoga es un método muy útil de relajación, el cual contribuye a despejar la mente y reducir la tensión física. También mantiene la flexibilidad del cuerpo y puedes incrementar tanto la fuerza como la resistencia musculares.

ATENCIÓN

Es conveniente comenzar cualquier programa de yoga bajo una supervisión adecuada, en lugar de practicarla individualmente. Algunas posturas pueden ocasionar sobrecargas y lesiones si se ejecutan incorrectamente. Algunas posiciones son inadecuadas o deben ser modificadas para reducir al mínimo el riesgo de lesiones en las personas mayores.

LOS EFECTOS BENÉFICOS DEL MASAJE

Un buen masaje relajante es útil para reducir el estrés.

MASAJE DE LA ESPALDA

Una fricción relajante de la espalda puede aliviar la tensión y el dolor musculares proporcionando, además, una sensación de paz y tranquilidad. Indica al paciente que se tienda en posición de decúbito prono y arrodíllate junto a la base de su columna vertebral con una rodilla flexionada para soportar tu peso. Alterna los toques suaves tranquilizantes con pases largos y profundos.

ACARICIAR, FRICCIONAR, amasar y golpear algunas partes del cuerpo puede aumentar el flujo sanguíneo, aliviar los dolores, relajar los músculos y dar una mayor flexibilidad a la piel.

El masaje puede ayudar en el tratamiento de los espasmos musculares dolorosos, de las lesiones musculares y de la tensión muscular ocasionada por la acumulación de estrés. Puede incluso combatir el estrés fomentando el relajamiento al final de una jornada agotadora.

Cuando des un masaje, aplica una presión firme sobre los músculos grandes. En las zonas más pequeñas, emplea los pulgares o las yemas de los dedos. Aplica una presión profunda y elimina la tensión muscular utilizando los pulgares. Golpeando las zonas más carnosas lograrás relajar los músculos.

TÉCNICAS DE MASAJE

- Elige una habitación que tenga una buena temperatura, tranquila, con luz tenue y en la que no te moleste nadie.
- Quítate todas las joyas.
- Cubre el cuerpo del paciente con toallas, dejando expuesta únicamente la zona sobre la que vayas a aplicar el masaje.
- Aplica el masaje al paciente, situándole sobre una superficie firme, pero suave, como la proporcionada por unas mantas gruesas colocadas sobre el suelo. Es mucho mejor que dar el masaje sobre una cama.
- Durante el masaje, concéntrate en los movimientos. No converses.
- Utiliza movimientos rítmicos.

1 Coloca tu mano derecha sobre la parte baja de la espalda del paciente. Pon tu mano izquierda sobre la derecha y presiona. Desliza el conjunto a lo largo de la espalda y de los hombros.

2 Coloca el antebrazo del paciente sobre la parte baja de la espalda, a fin de alzar el omoplato. Mantenlo firme con una mano, en tanto que con la otra agarras el hombro. Provoca un movimiento de balanceo suave de arriba hacia abajo.

3 Desliza una de tus manos bajo el hombro del paciente. Levántalo para alzar el omoplato. Presiona con la otra mano en y por debajo del omoplato, sigue hacia arriba a lo largo del hombro y, después, hacia abajo.

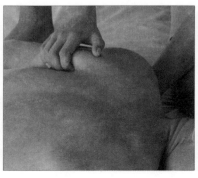

4 Manteniendo la mano bajo el hombro y empleando las yemas de los dedos, agarra y balancea suavemente el omoplato levantado. Desplaza la mano a lo largo del omoplato y repite la operación.

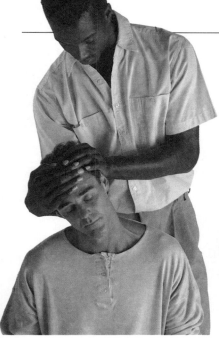

MASAJE DE CABEZA, CUELLO Y HOMBROS

Después de permanecer sentado delante del escritorio durante largos períodos de tiempo, la tensión suele acumularse en los músculos del cuello y hombros. El masaje es un método sencillo para reducirla.

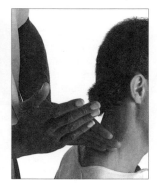

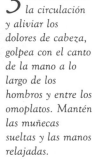

3 Para estimular la circulación y aliviar los dolores de cabeza, golpea con el canto de la mano a lo largo de los hombros y entre los omoplatos. Mantén las muñecas sueltas y las manos relajadas.

4 Para aflojar las tensiones del cuello, cruza los dedos por detrás del mismo. Desliza las palmas de las manos hasta juntarlas, tirando de los músculos del cuello.

1 Para reducir la tensión muscular y la vista cansada toma la cabeza del paciente entre las manos y coloca las yemas de los dedos sobre la frente. Empuja suavemente, primero hacia la izquierda y luego hacia la derecha, pero manteniendo la cabeza recta. Fricciona el cuero cabelludo con pequeños movimientos circulares.

2 Para mitigar la tensión en el cuello y los hombros coloca tus manos sobre los hombros del paciente y aplica un masaje con los pulgares a los músculos de los hombros, cuello y parte alta de la espalda. Emplea movimientos circulares cortos.

MASAJE DE LOS PIES

El masaje en los pies no solamente los mantiene flexibles y sanos, sino que también ayuda a relajar y refrescar todo el cuerpo.

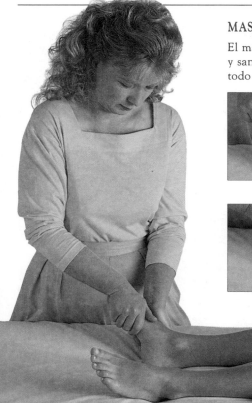

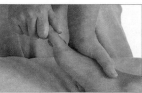

1 Coje cada uno de los dedos y hazlo girar sobre su base. Después mueve la última articulación. Toma la base de cada dedo entre el índice y el pulgar y estira.

2 Masajea la planta, cogiendo el pie a la altura del talón con una mano, en tanto que haces deslizar los nudillos del puño de la otra, lentamente, desde el talón hasta los dedos.

3 Coje el pie con ambas manos. Presiona con las yemas de los dedos en el centro de la planta y deslízalos hacia los lados del pie.

LA UTILIZACIÓN DE UN ACEITE PARA EL MASAJE

Para que tus manos se deslicen suavemente sobre la piel utiliza un aceite vegetal ligero, o bien, polvos de talco. En caso de que emplees el aceite, ponte una pequeña cantidad (menos de una cucharilla de café) en una mano y frota las dos para calentarlo.

El Estrés en el Hogar

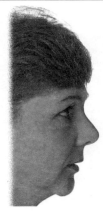

En la mayoría de los hogares se producen tensiones que pueden amenazar a la salud emocional de cada uno de los miembros de la familia.

EL ESTRÉS EN LA VIDA familiar es mucho más frecuente de lo que la mayoría de gente está dispuesta a reconocer. Puede producirse como consecuencia de la necesidad constante de verse obligado a satisfacer las demandas de los hijos y de otros miembros de la familia, o bien, como consecuencia de sucesos aislados, como puede ser el fallecimiento de un familiar.

El trato con los adolescentes
Un hijo rebelde a la autoridad paterna, o que abandona el hogar, puede producir un elevado nivel de estrés.

Causas del estrés doméstico

Muchos padres no se dan cuenta del nivel de estrés al que se hallan sometidos. Por ejemplo, el que un hijo requiera atención por la noche puede ocasionar que los padres se agoten, pierdan la paciencia y acaben con un sentimiento de culpabilidad. Todos los miembros de la familia deben acoplar su propia conducta, sus actitudes y sus emociones a los de los demás en señal de respuesta a los distintos acontecimientos que pueden ser agradables o desagradables. Un padre puede perder su empleo, una hija abandonar el hogar, puede morir el abuelo o un hijo pasar una adolescencia particularmente turbulenta.

Si un miembro de la familia sufre un problema serio, como drogadicción, esto conlleva un elevado nivel de estrés en el hogar. Sus familiares estarán mucho más expuestos a sufrir alguna de las enfermedades relacionadas con el estrés.

Haciéndose mayores
El vivir con unos padres que te tratan con excesivo espíritu de protección es también causa de estrés.

PROBLEMAS CON LA PAREJA

Uno de cada tres matrimonios europeos termina en divorcio. La mayor parte de las parejas deben saber superar ciertas dificultades.

Estos problemas pueden ser causados por una amplia gama de situaciones generadoras de estrés.

Problemas sexuales
Una relación no satisfactoria puede ser, a la vez, causa y efecto de un estrés excesivo.

Enfermedad
El diagnóstico de una enfermedad grave puede ser causa de altos niveles de estrés en toda la familia.

Cambio de domicilio
El cambio de domicilio puede producir a la pareja un gran estrés.

Trabajo
Tanto los hombres como las mujeres llevan consigo al hogar diferentes problemas de trabajo.

Hijos
Aún cuando son causa de grandes alegrías, los hijos también pueden generar estrés.

Dinero
Las deudas e hipotecas pueden conducir a muchas riñas familiares.

CONSULTORES MATRIMONIALES

Cuando una pareja se encuentra atravesando dificultades importantes puede beneficiarse de la ayuda profesional. Existe la posibilidad de acudir al médico, pero la mayoría de las parejas prefieren solicitar los servicios de un consultor o un psicólogo de alguna organización especializada.

Trata los problemas a fondo
La terapia comienza con un análisis de los aspectos buenos y malos de la relación. La pareja discute abiertamente sobre aquellos ámbitos en los que desea conseguir mejoras.

MÉTODOS PARA MANEJAR EL ESTRÉS

Durante los últimos seis meses, LUIS y GABRIELA FONT, una pareja cuyas edades oscilan entre los treinta y los cuarenta años, se han visto obligados a enfrentar diversos problemas matrimoniales. Ambos han estado trabajando largas jornadas para pagar una importante hipoteca. Recientemente marcharon de vacaciones con la esperanza de que ello diera una nueva vida a su matrimonio. Por el contrario, las vacaciones transcurrieron en medio de constantes discusiones y llenas de estrés.

Análisis
Según la opinión de los consejeros matrimoniales, las vacaciones en compañía de la pareja empeoran los problemas en lugar de solucionarlos. En el hogar, Luis y Gabriela pueden aprovechar su rutina diaria para evitarse el uno a otro y no tomar decisiones importantes. Durante las vacaciones, la compañía resulta obligada durante todo el tiempo, por lo que se ven obligados a enfrentarse a sus propias emociones y actitudes conflictivas.

Plan para superar el estrés
• *compartir equitativamente la respectiva culpabilidad en los problemas.*
• *comenzar a tratar las pequeñas causas de queja y no simplemente guardarse los pensamientos.*
• *encontrar algún tipo de actividad distraída y relajante que puedan disfrutar juntos, de forma regular.*
• *planear las próximas vacaciones más cuidadosamente.*

JUAN BASTIDA es un joven de 17 años, estudiante de COU, que está preparando su examen de selectividad. Últimamente ha estado discutiendo mucho con sus padres a causa de su aspecto: su pelo largo, el hecho de que se haya perforado las orejas y su rechazo a volver a casa antes de medianoche, tras haber estado de juerga con los amigos. Toda la familia ha solicitado ayuda profesional ya que no pueden llegar a un acuerdo sobre las reglas que Juan debería aceptar.

Análisis
La mayor parte de los adolescentes necesitan identificarse con un grupo de iguales, en tanto se esfuerzan por encontrar su propia identidad y se adaptan a las nuevas emociones en su transición a la mayoría de edad. Los atuendos extremados y un comportamiento fuera de lo común les ayuda a obtener una sensación de pertenencia.

Plan para superar el estrés
• *negociar una hora razonable de regresar a casa. Permitirle llegar más tarde cuando el día siguiente no es lectivo.*
• *ignorar el aspecto de Juan; su vestido y comportamiento serán más moderados a medida que vaya creciendo.*
• *mostrar interés por su persona, por sus amigos y por sus actividades.*
• *no discutir sobre temas carentes de importancia.*

EL ESTRÉS EN EL TRABAJO

La competencia, el rencor y la hostilidad en el trabajo pueden generar estrés.

SE CONSIDERA EL ESTRÉS laboral como una de las causas de enfermedad más importantes. Las personas que corren los mayores riesgos son aquellas cuyos puestos son muy exigentes pero que no tienen control sobre la carga de trabajo, aquellos que no tienen suficiente trabajo y los que se sienten frustrados por no obtener ascensos. Si estos problemas no consiguen resolverse, posiblemente la única solución sea el buscar un nuevo trabajo. Una vida más satisfactoria ajena al trabajo también puede contribuir a reducir el estrés.

Los factores de estrés en el trabajo

Son muchos los factores que contribuyen a acumular estrés en el trabajo. El exceso de trabajo que se presenta frecuentemente por establecer plazos que no se pueden cumplir es una causa común de estrés. Pero si el trabajo no es estimulante, puede ser perjudicial. Los trabajadores que no obtienen satisfacción en su trabajo, o que afrontan la posibilidad del desempleo, pueden también padecer estrés.

Los problemas interpersonales tales como el conflicto de lealtades, la hostilidad de los compañeros de trabajo, el acoso sexual o el trato con el público pueden también generar estrés. Estos conflictos se ven agravados por el hecho de no tener forma de zanjar los problemas. El tener que hacer un viaje complicado para ir a trabajar aumenta la presión sanguínea y puede llevar a una situación de estrés. Lo mismo sucede cuando es necesario mudarse a otra ciudad para trabajar o el ejercer la profesión en malas condiciones físicas.

¿Eres un adicto al trabajo?

Las largas jornadas laborales, el llevarse trabajo a casa, cancelar las vacaciones y olvidar las celebraciones familiares a causa de la presión en el trabajo son señales de que estás trabajando demasiado intensamente.

CÓMO TRATAR EL ACOSO SEXUAL

- Compórtate de forma más asertiva.
- Establece claramente que esa conducta te parece ofensiva.
- Escribe un diario del acoso.
- Pregunta a tus compañeros si han tenido los mismos problemas.
- Si no puedes resolver el problema por ti mismo, presenta una queja.

LA SUPERACIÓN DEL ESTRÉS EN EL TRABAJO

Un determinado nivel de estrés laboral resulta inevitable. No obstante, cualquiera puede aprender a reducir el nivel de estrés a que se halla sometido siguiendo las siguiente indicaciones.

- Aprende a delegar.
- Establece prioridades.
- Proponte objetivos alcanzables.
- Acepta los cambios con optimismo.
- Aprende a relajarte.
- Rehúsa la aceptación de peticiones o demandas imposibles de cumplir.
- Considera los problemas, no como amenazas, sino como oportunidades.
- Toma períodos regulares de descanso.

LA PLANIFICACIÓN DEL TIEMPO

Un buen método para reducir el estrés al que te encuentras sometido en el trabajo es aprender a utilizar el tiempo de un modo efectivo. Sigue las indicaciones siguientes.

- Prepara cada día un plan diario que relacione las tareas que necesitas tomar en consideración.
- Concéntrate en realizar primero las más difíciles.
- Establece prioridades en tus tareas.
- Transfiere todas las tareas no realizadas a la lista de actividades del día siguiente.
- Divide los grandes proyectos en partes más fáciles de ejecutar.
- Intenta ver los proyectos no deseados como retos.
- Prémiate a ti mismo por los trabajos llevados a cabo en su totalidad.
- No aplaces los asuntos que no te agraden.
- Anota todo aquello que interfiera en tu trabajo.

CLAVE

✳ **Urgente**   Del **Delegado**   ⇒ **Traspasado**

Imp. **Importante**   ✓ **Terminado**

Utiliza los símbolos de la clave para señalar la importancia de cada tarea.

AGENDA DIARIA		FECHA
Hora	CITAS Y ACONTECIMIENTOS PROGRAMADOS	Lugar
14:00	Comida con el equipo de marketing para financiar los contratos.	Restaurante Bistro
17:00	Reunión semanal de planificación.	Sala de juntas
21:00	Reunión y cena.	Casa

HACER HOY (Lista de actividades prioritarias)

1. Comprobar los detalles de los contratos.   ✳ ✓
2. Telefonear a las oficinas centrales sobre las nuevas cifras de ventas.   Imp ⇒
3. Hacer el informe para un nuevo cliente.   ✳ ✓ Imp. Del.
4. Concretar citas para ayudante.   ⇒
5. Recoger las gafas de la óptica.   Del.
6. Comprar vino para la cena de esta noche.

INTERRUPCIONES

— Dificultades para encontrar información esencial: se tienen que reorganizar los archivos.
— Demasiadas llamadas telefónicas.

MÉTODOS PARA MANEJAR EL ESTRÉS

ANA ESCUDERO tiene 32 años, es madre de dos hijos y ha sido ascendida recientemente. Después de tres meses en el nuevo cargo ha empezado a sentirse cansada y carente de energía. Su marido le sugiere que se haga un reconocimiento general, en lugar de presentar su renuncia, que es lo que ella pretende hacer.

Análisis

Si bien la somnolencia es un síntoma común de estrés, el médico de Ana le examina y ordena que se lleven a cabo una serie de análisis de sangre para excluir cualquier causa médica relevante. Los análisis no muestran ningún problema y el médico sugiere que aprenda a manejar su estrés.

Plan para superar el estrés

- *organizar mejor la carga de trabajo diaria y aprender a delegar.*
- *compartir los quehaceres domésticos con su marido.*
- *tomar un descanso para comer al mediodía.*

PATRICIA MUÑOZ, de 42 años, es recepcionista en un consultorio médico. Frecuentemente tiene que tratar con pacientes que están enfadados por los retrasos que han de sufrir en ser atendidos por el médico. En casa tiene muy mal genio y problemas para conciliar el sueño. Patricia pide a su médico que le recete pastillas para dormir.

Análisis

Evidentemente, tanto el insomnio de Patricia como su mal genio están relacionados con el estrés relativo a su trabajo. En lugar de recetarle pastillas para dormir, su médico le aconseja intentar cambiar algunos de los aspectos más problemáticos de su trabajo.

Plan para superar el estrés

- *mejorar el sistema de citas.*
- *acordarse de advertir por anticipado, y a cada paciente, en el caso de que se puedan producir retrasos.*
- *mejorar la sala de espera.*

LA VIDA DESPUÉS DE LA JUBILACIÓN

Si se planea con anticipación, la vida después de la jubilación puede resultar menos estresante.

SI BIEN LA JUBILACIÓN puede ser vista como un descanso bien merecido, también puede ser una época difícil. Las preocupaciones monetarias y el cambio brusco de la rutina laboral estructurada a la vida en casa pueden resultar muy estresantes. Muchas personas planean su jubilación con anticipación, delineando proyectos a realizar y actividades a iniciar. La jubilación es un buen momento para hacer cambios en el estilo de vida que fomenten la salud y el bienestar y quizá incluso para iniciar algún hobby.

Mantener una actitud positiva

La imagen habitual de las personas mayores, como seres frágiles y aislados, está pasada de moda. El retirarse de las actividades sociales y el gradual deterioro de la salud no son hechos inevitables. Si no te sientes bien, no consideres que los síntomas son únicamente propios de la edad. Consulta a tu médico.

También es importante que mantengas una actitud positiva. El convencimiento de que puedes continuar viviendo plenamente, aunque quizá a un ritmo algo más lento que antes, te ayudará a continuar disfrutando de la vida.

Si te mantienes activo y alerta serás capaz de obtener la misma calidad de vida después de la jubilación que cuando trabajabas activamente.

LA JUBILACIÓN ACTIVA

- Inicia un nuevo hobby.
- Aprende un nuevo idioma.
- Colabora con algún servicio comunitario o apúntate a un trabajo voluntario.
- Afíliate a un partido político o a un grupo de presión local o regional.
- Asiste a clases nocturnas u obtén un título en la Universidad a Distancia.
- Busca nuevos placeres tales como viajar, asistir a conciertos o visitar museos.
- Mantén un contacto estrecho con los amigos y la familia. El apoyo emocional es importante para tu bienestar.

Los beneficios de la jubilación
Al llegar la jubilación tendrás la oportunidad de hacer todas aquellas cosas para las que antes no habías sido capaz de encontrar el tiempo necesario. Las relaciones familiares y de amistad se vuelven, con frecuencia, más importantes.

Además, ello te permitirá el reducir al mínimo cualquier molestia ocasionada por el proceso de envejecimiento y te ayudará a conseguir el máximo provecho posible a tu jubilación.

Contemplando el futuro

Las responsabilidades tienden a reducirse con la edad, lo cual puede inducirte a negarte a emprender nuevos proyectos o tareas. Sin embargo, las metas y expectativas de futuro son necesarias para mantener la mente aguda, por lo que debes continuar buscando nuevos retos.

Relaciona todas aquellas cosas que te gustaría alcanzar o experimentar en los próximos cinco años, incluyendo metas artísticas o sociales, lugares que siempre habías deseado visitar y personas a las que te gustaría conocer. Intenta lograr, por lo menos, una de esas ambiciones.

Además de este programa a largo plazo debes hacer una lista más corta y específica de objetivos con los cuales cubrir los próximos meses.

PLANES PARA LA JUBILACIÓN

La jubilación conlleva cambios que requieren ajustes importantes. Una planificación anticipada y una preparación adecuada te permitirán evitar muchos fracasos potenciales. Puede resultar conveniente el asistir a unos cursos de prejubilación en los que se ofrece consejo y se proporcionan advertencias útiles para todos y cada uno de los aspectos de la vida.

Cambio de casa después de la jubilación

Piénsalo muy bien. El hacer amigos puede resultar mucho más difícil cuando se es mayor y menos activo.

Trabajo alternativo

El trabajo a tiempo parcial, o el voluntario, pueden hacer más fácil la transición del estado de actividad laboral a tiempo completo.

Ingresos e inversiones

Un consultor financiero te puede ayudar a preparar tu presupuesto para la jubilación.

Nuevas habilidades

Puedes ampliar tus horizontes y mantenerte activo asistiendo a clases de cualquier tema o intentando mantenerte ocupado con un hobby.

Ejercicio e independencia

Practicar ejercicio físico de un modo regular te ayudará a mantenerte flexible, activo y en forma. El golf, dado que es un deporte que te permite establecer tu propio ritmo es una actividad sumamente adecuada.

El Sueño y el Insomnio

En un determinado momento de sus vidas, una de cada tres personas aseguran padecer insomnio.

MUCHAS PERSONAS consideran que tienen problemas para dormir. Sin embargo, con frecuencia se trata de un error conceptual referente a cuánto tiempo de sueño es necesario en realidad. Este período es muy variable, ya que depende de cada una de las personas. Algunas no requieren más de cuatro horas de sueño, en tanto que otras necesitan dormir más de diez. El adulto medio necesita entre siete y ocho horas de sueño nocturno.

Normalmente, los niños y los ancianos presentan pautas de sueño diferentes. Habitualmente los niños duermen un mínimo de 14 horas diarias, y no alcanzan la pauta de la edad adulta hasta los 12 años de edad aproximadamente. Más tarde, el sueño tiende a acortarse, y los más ancianos se despiertan cada vez más temprano por la mañana.

¿Qué es el insomnio?

El insomnio es la incapacidad para conciliar el sueño. La incapacidad para dormir puede adoptar diferentes formas. El que lo padece puede tener dificultades para quedarse dormido, despertarse frecuentemente durante la noche o permanecer despierto durante largos períodos de tiempo.

Estas pautas anormales de sueño pueden tener diferentes causas. Se pueden deber a preocupaciones y estrés o estar motivadas por problemas médicos o psicológicos más serios, tales como la depresión.

Tu cuerpo necesita descanso
Si duermes mal por la noche, pronto sentirás los efectos durante el día.

¿No te dejan dormir las preocupaciones?

El estar acostado, despierto y pensando en lo que te preocupa no va a resolver nada.

LAS PASTILLAS PARA DORMIR

Uno de los medicamentos que se recetan con más frecuencia en algunos países de Europa son las pastillas para dormir. Dado que crean adicción se deberán utilizar en dosis efectivas mínimas y durante el menor tiempo posible. Además, pueden producir efectos secundarios diurnos, tales como dificultades de concentración. Mientras las tomes, no debes conducir ni manejar máquinas.

CAUSAS DEL INSOMNIO

Existen muchos factores capaces de provocar insomnio. Algunas causas de trastorno en el sueño son las preocupaciones, un consumo exagerado de cafeína, dejar de consumir tranquilizantes o beber alcohol. Existen otros factores más serios, como la depresión u otras enfermedades, que también pueden afectar el sueño. Consulta al médico si los métodos de autocuración no te dan resultado para vencer el insomnio.

Cafeína
Al ser un estimulante, la cafeína es capaz de mantenerte despierto.

Síndrome de cambio del huso horario
El cambio de zona horaria durante los viajes puede afectar tu pauta de sueño.

Ruido de fondo
El insomnio puede ser debido simplemente a un ruido de fondo perturbador, como los ronquidos de tu compañero.

PAUTAS DE SUEÑO

El cerebro no descansa totalmente durante el sueño. Se mantiene una actividad eléctrica que puede ser medida mediante un electroencefalograma (EEG). El sueño se divide en dos fases distintas conocidas como REM (de movimiento rápido de los ojos —*rapid eye movement*—) y no-REM. Durante cada noche se presentan, como promedio, de cuatro a cinco períodos REM (durante el cual se sueña). Sin embargo, el tiempo no-REM constituye, aproximadamente, el 80 % del total del sueño.

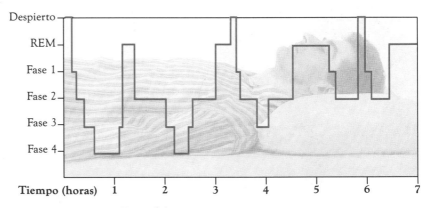

Tiempo (horas)   1   2   3   4   5   6   7

Actividad eléctrica durante el sueño REM

Fases del sueño

Estos EEG muestran la actividad eléctrica cerebral durante el sueño. Hay cuatro fases progresivas de actividad no-REM. El sueño más profundo, que corresponde a la fase 4, es considerado el más reparador. En las fases REM, el cerebro permanece más activo y los ojos se mueven rápidamente. Cuando se despierta a las personas durante esta fase, éstas suelen ser capaces de recordar sus sueños.

¿POR QUÉ DORMIMOS?

El sueño proporciona descanso y recuperación al cuerpo. Tanto el cerebro como los procesos metabólicos del cuerpo requieren períodos regulares de descanso para recuperarse. La hormona del crecimiento es liberada durante el sueño para renovar los tejidos y producir células óseas y sanguíneas.

Fase 1

Fase 2

Fase 3

Fase 4

CÓMO DORMIR A TU NIÑO

Si un estómago lleno no es suficiente para que el niño se duerma, se puede recurrir a mecerlo o a arrullarlo. También es muy importante el establecer una pauta regular de sueño. No sobreestimules a tu niño durante el último alimento antes del sueño; mantén las luces tenues. Para los niños mayores, crea una rutina para la hora de ir a dormir, tal como contarles un cuento.

Para dormir toda la noche «de un tirón»
Para conseguir una noche de sueño completa, tanto para tí como para tus hijos, es necesario asegurar que la actividad diurna de los niños haya sido intensa. Los niños solamente se duermen si se encuentran realmente cansados.

CÓMO COMBATIR EL INSOMNIO

Antes de pedirle al médico que te recete pastillas para dormir, existen un buen número de cosas que puedes hacer para combatir el insomnio:

- Reduce tu consumo de té, café y alcohol.
- No cenes demasiado.
- Toma una bebida a base de leche caliente poco antes de irte a la cama.
- Practica ejercicio durante el día.
- La temperatura de tu habitación no debe ser ni demasiado elevada ni demasiado baja.
- Ponte tapones para los oídos si existe demasiado ruido de fondo.
- Duerme sobre un colchón cómodo.
- Levántate siempre a la misma hora.
- Evita la siesta del mediodía.
- Intenta dejar de preocuparte por el hecho de no poder dormir.

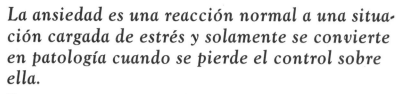

LA SUPERACIÓN DE LA ANSIEDAD

La ansiedad es una reacción normal a una situación cargada de estrés y solamente se convierte en patología cuando se pierde el control sobre ella.

LA ANSIEDAD SE CONVIERTE en enfermedad cuando la inquietud, el temor o la sensación de amenaza inminente aparecen sin que exista una razón obvia para ello, si dichas reacciones resultan desproporcionadas al hecho que las ocasiona o cuando los síntomas psicológicos y físicos comienzan a influir o afectar las actividades cotidianas.

Un problema frecuente

Los problemas de ansiedad afectan a, aproximadamente, un 4 % de la población. Estos problemas de angustia se presentan con mayor frecuencia en los adultos jóvenes.

Aparte del trastorno general, existen una serie de tipos específicos de ansiedad. Los ataques de pánico son explosiones de miedo irrazonable que se presentan sin razón aparente. Las fobias son miedos irracionales a determinadas situaciones u objetos. El estrés postraumático puede surgir a causa de un accidente grave; los afectados desarrollan un sentimiento de desapego.

Las causas de la ansiedad

Existen numerosas teorías que intentan explicar la causa subyacente de la ansiedad. Algunos individuos ansiosos parecen tener un elevado índice de «vigilia» cerebral, lo que les hace reaccionar de forma más alterada y adaptarse más lentamente a las situaciones de estrés. Las teorías psicoanalíticas desarrolladas por Freud mantienen que la ansiedad se origina a raíz de las experiencias reprimidas o no resueltas de la niñez. Los psicólogos conductistas opinan que la ansiedad es un hábito profundamente condicionado.

La búsqueda de la solución
Con una ligera ayuda, casi todos los pacientes que sufren ansiedad pueden superar sus temores y recuperar un completo control sobre sus vidas.

CONDUCTAS OBSESIVAS Y COMPULSIVAS

Numerosas personas muestran un cierto grado de obsesividad y comportamiento compulsivo como, por ejemplo, comprobar dos y más veces que una ventana está cerrada. Esto es solamente problemático cuando tales acciones empiezan a interferir seriamente en la vida cotidiana. Quien, por ejemplo, sufre una conducta compulsiva de lavarse las manos contínuamente, puede admitir que le preocupan las infecciones, pero la causa real es, con frecuencia, un hecho psicológico que no está relacionado con ellas. Este tipo de acciones repetitivas, de carácter ritual, se realizan para mitigar la ansiedad.

Obsesiones
La ansiedad puede ser causa de conductas rituales, tales como el vestirse siempre siguiendo exactamente el mismo orden.

Compulsiones
El lavarse las manos, contar y controlar el que las puertas y ventanas están cerradas son algunas de las compulsiones más frecuentes que desarrollan las personas ansiosas.

FÁRMACOS PARA REDUCIR LA ANSIEDAD

Existen dos tipos básicos de fármacos que se utilizan para aliviar la amplia gama de síntomas que acompañan a la ansiedad:

• **Benzodiazepinas.** Este medicamento ayuda al individuo a relajarse reduciendo la actividad nerviosa cerebral. Si bien constituyen un tratamiento efectivo a corto plazo, no resuelven las causas subyacentes de los problemas de ansiedad. Además, si se ingieren durante más de dos semanas, se pueden presentar dificultades para abandonar su consumo.

• **Agentes betabloqueantes.** Estos fármacos pueden ser recetados cuando la ansiedad produce síntomas físicos, tales como palpitaciones, temblores u opresión en el pecho. Estos síntomas son el resultado de una sobreactividad del sistema nervioso. Evitando que esta sobreactividad afecte al corazón, los agentes betabloqueantes previenen las palpitaciones.

Alivio a corto plazo
Una medicina correctamente administrada es, con frecuencia, el mejor tratamiento para controlar los síntomas de ansiedad en períodos de intensos trastornos emocionales.

FOBIAS

Muchas personas padecen de fobias menores tales como el temor a las alturas, a las serpientes o a las arañas. Estas fobias pueden ocasionar algún trastorno temporal pero no afectan a la posibilidad de llevar una vida totalmente normal. Sin embargo, existen algunos tipos de fobias tan incapacitantes que el paciente no se ve posibilitado para salir de su casa. La mayor parte de estas fobias pueden ser combatidas, con éxito, mediante una terapia conductual y, algunas veces, con antidepresivos.

Agorafobia
El temor a los espacios abiertos o a las aglomeraciones es la fobia para la cual se solicita tratamiento médico con mayor frecuencia. La claustrofobia es el temor a los espacios cerrados (ascensores, etc.).

CÓMO SUPERAR LA ANSIEDAD

• **Elimina la causa del estrés.** Si, por ejemplo, la causa de tu problema es el trabajo, busca un trabajo menos exigente.
• **Practica ejercicio de un modo regular.** El estrés puede ser combatido mediante la natación o el «footing».
• **Relajación.** Los ejercicios de relajación muscular o la meditación pueden contribuir a reducir la ansiedad.
• **Consulta a tu médico.** Un tratamiento breve, a base de medicamentos o fármacos contra la ansiedad, puede eliminar los síntomas.
• **Terapia conductual.** Mediante el apoyo emocional de un terapeuta profesional podrás enfrentarte a tus fobias y controlar tus obsesiones.

Mejora de la Autoestima

El hecho de poseer una imagen positiva de ti mismo y una actitud optimista hacia la vida, aumentará tu resistencia a las enfermedades relacionadas con el estrés.

LAS DUDAS Y UNA REPENTINA falta de confianza en tu capacidad para afrontar una tarea concreta son completamente normales. Cada persona, en particular, independientemente de cuán confiado en sí mismo pueda parecer, puede, en ocasiones, sufrir dudas sobre si es o no apto para afrontar un determinado reto. Se trata de una reacción de defensa a una situación de alta tensión.

Autoimagen y estrés

Numerosos especialistas y profesionales de la salud mental opinan que los trastornos neuróticos tales como la ansiedad y la depresión nacen de una incompatibilidad básica entre la imagen que tú tienes de ti mismo y la que tienen los demás de ti. Por tanto, si no puedes disminuir tu ansiedad o depresión y decides buscar ayuda profesional, el primer objetivo del terapeuta será lograr un cambio positivo en tu autoimagen. Cuando logres recuperar un autoconcepto positivo, tu nivel de estrés disminuirá y desaparecerán los síntomas.

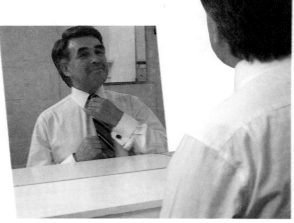

¿Cómo te ves cuando te miras al espejo?
¿Tienes un aspecto despreocupado? o ¿te ves preocupado y tenso? Una autoimagen positiva es señal de que tu nivel de autoestima es elevado.

REFUERZA TU AUTOESTIMA

Si lo piensas detenidamente, seguramente encontrarás algunos aspectos de ti mismo y de tu vida que son buenos. Las siguientes medidas han sido diseñadas para reforzar tu ego personal y mejorar tu bienestar. Si, a pesar de todo, continúas insatisfecho con tu nivel de autoestima, toma en consideración la posibilidad de solicitar ayuda profesional.

La reafirmación de ti mismo
Haciendo una lista de todas tus cualidades y de todas aquellas cosas en las que has alcanzado el éxito, puedes mejorar tu autoestima ya que así pones de relieve los aspectos positivos de tu vida.

- Intenta conocerte mejor a ti mismo. Haz una lista de todas tus cualidades.
- Piensa y recuerda todo aquello en lo que has tenido éxito.
- Selecciona solamente uno de los aspectos de tu vida y dedícate a cambiarlo positivamente.
- Proponte metas viables y factibles.
- No intentes cambiar muchos aspectos de tu vida demasiado rápidamente.
- Busca y elige un modelo adecuado a imitar, no un ideal inalcanzable.
- Deja de recordar los fracasos del pasado y tus errores de apreciación.
- No consumas alcohol para aumentar tu autoestima.

LA REAFIRMACIÓN DE TU AUTOESTIMA

A fin de evaluar tu nivel de autoestima, contesta a las siguientes preguntas. Dichas preguntas tienen un carácter muy general y no proporcionan todas las respuestas, pero te ayudarán a reflexionar sobre la imagen que tienes de ti mismo y sobre tu actitud global frente a la vida. Dado que la autoestima constituye un aspecto de tu estado mental y emocional, no intentes extraer del cuestionario conclusiones definitivas sobre tu situación.

  ¿Cuánto éxito has alcanzado en la vida?

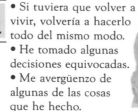

- Estoy orgulloso de mis logros.
- He hecho algunas cosas razonablemente bien.
- He fracasado en casi todo lo que he intentado.

La percepción de tu propia capacidad para ejecutar muchas tareas específicas se ve influenciada por tu propio rendimiento en el pasado. Si consideras que has sido un auténtico fracaso, tu autoestima requiere un refuerzo.

¿Qué opinas de tu propio aspecto?

- No quiero cambiarlo.
- No siempre salgo demasiado bien en las fotografías.
- Me gustaría cambiar muchas partes de mi cuerpo.

El hecho de querer cambiar de aspecto o el desear cambiarte por otro demuestra que tienes una opinión pobre sobre ti mismo. Has de mejorar tu autoimagen.

¿Tienes una personalidad atractiva para los demás?

- En general, la gente me aprecia.
- Desearía ser más popular.
- Siento que nadie me quiere.

El sentimiento que posees relativo a tu personalidad es un indicador fiable que nos muestra tu nivel de autoestima. Intenta eliminar los sentimientos negativos que tienes sobre ti mismo.

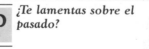 **¿Te lamentas sobre el pasado?**

- Si tuviera que volver a vivir, volvería a hacerlo todo del mismo modo.
- He tomado algunas decisiones equivocadas.
- Me avergüenzo de algunas de las cosas que he hecho.

La mayoría de las personas tienen pocas cosas que lamentar. Pero si constantemente piensas en los errores pasados, deterioras tu autoestima. No insistas en tomar en consideración el pasado. Lo hecho, hecho está.

¿Consideras útil el papel que desempeñas en el trabajo o en el hogar?

- Estoy satisfecho con mis propias contribuciones.
- Me resulta difícil obtener la aprobación de los demás.
- Parece ser que nunca hago nada bien.

El pensar que los demás no te aprueban o que no puedes hacer nada bien manifiesta que padeces de sentimientos de inferioridad. Debes tomar medidas positivas para reforzar tu autoestima.

¿Cuál es tu actitud frente a las críticas?

- Obtengo ventajas de las críticas constructivas.
- Me molesta terriblemente que me critiquen.
- No manifiesto mis opiniones pues me preocupa que los demás las puedan criticar.

La incapacidad para buscar y aceptar las críticas de los demás es una muestra de inseguridad y falta de confianza en ti mismo. Intenta ver, primordialmente, tus cualidades para mejorar tu autoestima y aumentar tus propias capacidades.

Superar la Depresión

La depresión es una sensación de desesperación incontrolada.

Luto y depresión

La pérdida de un ser querido puede causar una profunda tristeza, la cual puede tener una larga duración y generar síntomas de depresión severos. El apoyo de los familiares y amigos puede contribuir a superar los sentimientos de tristeza y pérdida.

LA DEPRESIÓN ES LA enfermedad mental más frecuente. En un momento determinado de su vida, alrededor del 5 % de la población sufre un estado depresivo de entidad tal que requiere tratamiento profesional. Si bien la depresión puede presentarse a cualquier edad, lo hace más frecuentemente entre las mujeres cuyas edades oscilan entre los 35 y los 55 años, y 10 años más tarde en los hombres.

Consulta con un profesional

Si crees que sufres depresión, consulta a un médico. Él te podrá recomendar a un profesional que tratará a fondo tus problemas, analizará tus sentimientos y controlará tu depresión.

Características de los pacientes

Aparentemente, las mujeres son más propensas que los hombres a sufrir depresión. Una de cada seis mujeres consulta al médico, en comparación con un hombre de cada nueve. No se ha determinado si ello se debe a diferencias existentes entre ambos sexos. Posiblemente las mujeres sean más propensas a manifestar sus deseos y temores a un médico, en tanto que los hombres re-

EL CONTROL DE TU SALUD

Si sufres algunos de los siguientes síntomas puedes estar sufriendo depresión:

- Te despiertas temprano por la mañana.
- Lloras con facilidad.
- Te sientes falto de energías.
- Irregularidad o pérdida del apetito.
- Sentimiento de estar aislado o desconectado del mundo.
- Te has convertido en una persona socialmente apartada y apática.
- Sufres muchas molestias y dolores injustificados.
- Te sientes inútil.
- Te falta concentración.
- Dificultad en la toma de decisiones.
- Pérdida de interés en la vida sexual.

Terapia de grupo

El hablar con otras personas que atraviesen por problemas emocionales semejantes puede suponer una gran ayuda. Normalmente, el grupo se reúne una o dos veces por semana. Un terapeuta dirige la charla, ayudando a los componentes del grupo a expresar y comprender sus sentimientos.

DEPRESIÓN INVERNAL

El síndrome de trastorno afectivo estacional también es un tipo de depresión. Muchos pacientes sufren depresión durante el invierno, a causa de una baja exposición a la luz. Estos síntomas pueden ser mitigados mediante una exposición diaria, de dos horas por la mañana, a la luz del sol.

curren al alcohol, a la violencia o a otros medios para expresar sus sentimientos de desesperación.

Tipos de depresión

Existen dos categorías básicas de depresión. La depresión exógena o reactiva es la causada por un trastorno importante, tal como el divorcio o la muerte de un ser querido. Esta forma de depresión solamente se convierte en enfermedad si el período melancólico se prolonga demasiado, haciendo que la persona pierda interés en la vida y la vuelva incapaz de llevar a cabo sus actividades cotidianas.

La depresión endógena es más frecuente. En este caso, las sensaciones de desgracia y desamparo no están ligadas a un hecho en concreto. No existe una explicación inmediata para la depresión, de tal modo que resulta más difícil ofrecer ayuda y apoyo.

SUICIDIO

La mayor parte de las personas que se suicidan padecen depresión. Además, cada suicidio va acompañado de, algunos intentos fallidos. Nadie es capaz de predecir de un modo fiable quién es capaz de suicidarse, de modo que todas las amenazas deben ser consideradas seriamente. Sin embargo, existen toda una serie de factores de riesgo y señales de alarma que pueden señalar un peligro inminente:

- Manifestar la intención de suicidarse.
- Inexplicable y repentina mejora del humor.
- Reveses de la vida tales como el quedarse sin empleo.
- Diagnóstico de una enfermedad incurable.
- Suicidio de un amigo o pariente.
- Alcoholismo o drogadicción.
- Intento previo de suicidio.
- Pérdida de la pareja.
- Falta de apoyo social.

LA DEPRESIÓN POSTPARTO

Más de la mitad de las madres atraviesan un período de depresión leve después del nacimiento del bebé. Conocida como *"baby blues"*, esta depresión hace sentir desgraciadas y emotivas a las mujeres, quienes, además, sufren frecuentes explosiones de llanto. Los síntomas se manifiestan entre cuatro y cinco días después del nacimiento y sólo duran un día o dos. Puede estar causada por cambios hormonales, sin embargo, existen otros factores que también pueden ser la causa, tales como los temores, las pequeñas preocupaciones, las dificultades iniciales para la alimentación del bebé y el agotamiento físico.

Depresión grave

Pocos días después de regresar a casa, una de cada diez madres experimenta la imposibilidad de descansar, fatiga, incapacidad para enfrentarse a lo cotidiano, temores exagerados sobre la salud del bebé, irritabilidad e incluso hostilidad hacia el bebé. Puede ser conveniente administrar un tratamiento con antidepresivos.

LA CURACIÓN DE LA DEPRESIÓN

La mayor parte de las personas que padecen depresión pueden curarse completamente mediante una ayuda adecuada.

- **Mucho apoyo.** El firme apoyo de familiares y amigos resulta esencial.
- **Antidepresivos.** Estos fármacos restablecen el apetito, la energía y las pautas de sueño. Sin embargo, se necesitan más de dos semanas para que empiecen a hacer efecto y pueden provocar vértigo y somnolencia.
- **Psicoterapia.** Este tratamiento puede ser el más adecuado para aquellas personas cuya personalidad o experiencias vitales sean las causas principales de su depresión.
- **Terapia cognitivo-conductual.** Esta terapia enseña a pensar positivamente para acrecentar la autoestima.
- **Terapia electroconvulsiva.** Aquellos pacientes que no responden a otros tratamientos pueden recibir una descarga eléctrica cerebral durante unos cuantos segundos.

El corazón y los pulmones

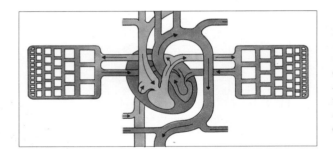

Los pulmones facilitan el paso del oxígeno al torrente sanguíneo y, a continuación, el corazón lo bombea a todas las células del organismo.

Sensibilidad

Los nervios situados debajo de la piel transmiten las sensaciones al cerebro.

La vista

Los ojos transforman los rayos de luz en impulsos nerviosos que a continuación pasan al cerebro para que éste proceda a su interpretación. Además te proporcionan una imagen tridimensional de tu alrededor.

Olfato y gusto

La lengua sólo tiene capacidad para diferenciar entre cuatro tipos de sabores (dulce, ácido, salado y amargo), mientras que la nariz es capaz de diferenciar entre miles de olores diferentes.

El oído

Tus oídos sirven para escuchar una gran variedad de sonidos diferentes. El oído interno también controla tu equilibrio.

La lucha contra la infección

El cuerpo humano posee múltiples defensas, por ejemplo, los glóbulos blancos, como este linfocito B que se presenta en la ilustración, los cuales producen los anticuerpos contra las infecciones.

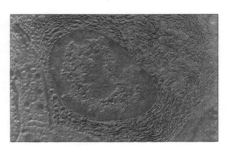

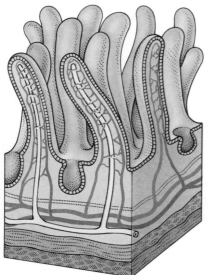

CAPÍTULO SIETE

El proceso digestivo

En la superficie del intestino delgado se encuentran millones de protuberancias minúsculas, las vellosidades, las cuales absorben los nutrientes pasándolos posteriormente a la corriente sanguínea.

El pie

Cada uno de los pies tiene 26 huesos; sólo un pie cuenta con una octava parte de los huesos que componen el sistema óseo humano. Una complicada red de músculos y tendones actúan sobre estos huesos haciendo posibles los movimientos de correr, andar o permanecer en pie.

UN CUERPO SANO

SI CONOCES EL FUNCIONAMIENTO de tu cuerpo, te resultará más fácil cuidarlo y protegerlo. Por ejemplo, si sabes cómo el corazón bombea la sangre por todo el cuerpo, a través del sistema circulatorio, comprenderás la importancia que tiene para ti y toda tu familia el mantener limpias las arterias, comiendo alimentos pobres en grasas.

Todo el cuerpo humano funciona en perfecta armonía. El corazón bombea la sangre a los pulmones para recoger el oxígeno y a los intestinos, para absorber las sustancias nutritivas que posteriormente se distribuyen por el resto del cuerpo a través del sistema circulatorio. Las células emplean estos nutrientes para convertirlos en energía, la cual, a su vez, sirve de combustible a los músculos, los cuales mueven los huesos y las articulaciones en respuesta a los estímulos recibidos del sistema nervioso. El sistema endocrino se encarga de las actividades a largo plazo tales como el crecimiento, y el sistema inmunitario posee la función de mantener el cuerpo sano.

El cuerpo humano se encuentra constantemente bajo un proceso de cambio continuo. Aquel se forma a partir de una sola célula, en el momento de su concepción, para convertirse en un organismo formado por millones de células, en la edad adulta. La pubertad es el período de transición a través del cual el cuerpo infantil se convierte en adulto. Durante la vida del adulto, el aspecto exterior del cuerpo cambia muy poco, aunque durante todos esos años las células se regeneran constantemente. En el caso de las mujeres, el embarazo aporta cambios evidentes que darán lugar a una nueva vida. Finalmente, el envejecimiento es la última época de la vida humana en la que se suceden grandes cambios físicos. Si sabes tomar las medidas necesarias para mantener un buen estado de salud, tú y toda tu familia disfrutaréis de una vida más sana.

El Corazón y la Circulación

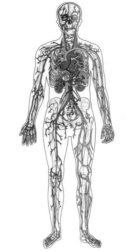

El sistema cardiovascular *está formado por el corazón y los vasos sanguíneos.*

E L SISTEMA CIRCULATORIO se encarga de que la sangre llegue a todas las células vivas, enriquecida con oxígeno, gracias a la actividad pulmonar, y con nutrientes, gracias al sistema digestivo. El latido del corazón es el motor de la circulación sanguínea y las válvulas controlan la correcta dirección del flujo. La sangre circula por todo el cuerpo en un doble sentido partiendo del corazón para llegar a los pulmones, donde absorbe el oxígeno y posteriormente de vuelta al corazón, el cual la bombea por todo el cuerpo.

Las venas, arterias y otros vasos sanguíneos forman una compleja red de conductos. No obstante, la potencia del corazón es tan grande que la sangre recorre todo el sistema en tan sólo un minuto.

El corazón se encuentra situado a la izquierda de la parte media del tórax y es capaz de adaptar sus latidos a las necesidades de oxígeno de tu organismo. Si el corazón deja de latir durante más de cuatro minutos, se produce la muerte o, como mínimo, importantes daños cerebrales.

Las cavidades cardíacas *están formadas por dos cavidades superiores de paredes muy finas, llamadas aurículas o atrios, y dos inferiores de paredes más gruesas, denominadas ventrículos, divididos por una pared de músculos, el septum o tabique.*

Tráquea —————————

Aorta —————————

Vena cava superior ————

Pulmón derecho ———

Aurícula derecha ————

CÓMO FUNCIONA LA CIRCULACIÓN SANGUÍNEA

El corazón bombea la sangre para que ésta recorra todo el sistema circulatorio. La sangre desoxigenada (azul) entra en el lado derecho del corazón, es bombeada a los pulmones para abastecerse de oxígeno y, a continuación, ya enriquecida con oxígeno (roja), pasa a la parte izquierda del corazón, desde donde es bombeada a todo el cuerpo para suministrar el oxígeno necesario a todas las células. Posteriormente, vuelve a la parte derecha del corazón para repetir el proceso.

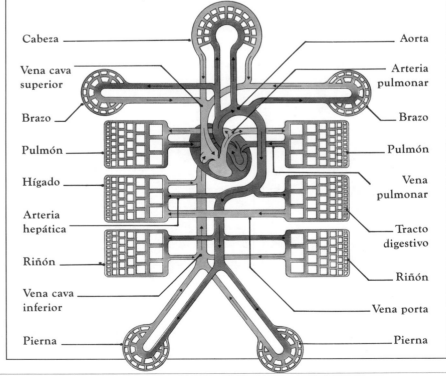

Cabeza

Vena cava superior

Brazo

Pulmón

Hígado

Arteria hepática

Riñón

Vena cava inferior

Pierna

Aorta

Arteria pulmonar

Brazo

Pulmón

Vena pulmonar

Tracto digestivo

Riñón

Vena porta

Pierna

CÓMO MANTENER SANO EL CORAZÓN

- Reduce el exceso de peso.
- Deja de fumar.
- Come menos grasas saturadas y más fibras.
- Practica ejercicio físico tres veces por semana, durante veinte minutos.
- Controla tu tensión arterial.
- Bebe menos alcohol.

Válvula pulmonar ————

Válvula tricúspide ————

Ventrículo derecho ————

El músculo del corazón está formado por una red de fibras musculares que necesitan un gran aporte de oxígeno y nutrientes para continuar latiendo rítmica y automáticamente.

Las arterias
La arteria más grande del cuerpo humano, la aorta, sale del ventrículo izquierdo y suministra sangre, rica en oxígeno, a todo el organismo. También las ramas de unas pequeñas arterias suministran sangre al propio corazón. La arteria pulmonar sale del ventrículo derecho para conducir la sangre a los pulmones para recoger oxígeno.

NOTAS DE INTERÉS
- El corazón late 100.000 veces al día —más de 2.500 millones de veces durante una vida media.
- El corazón bombea unos 6.500 litros de sangre al día.

Las venas
La sangre enriquecida de oxígeno vuelve de los pulmones al corazón pasando por las venas pulmonares. Las venas cavas superior e inferior devuelven la sangre del cuerpo al corazón.

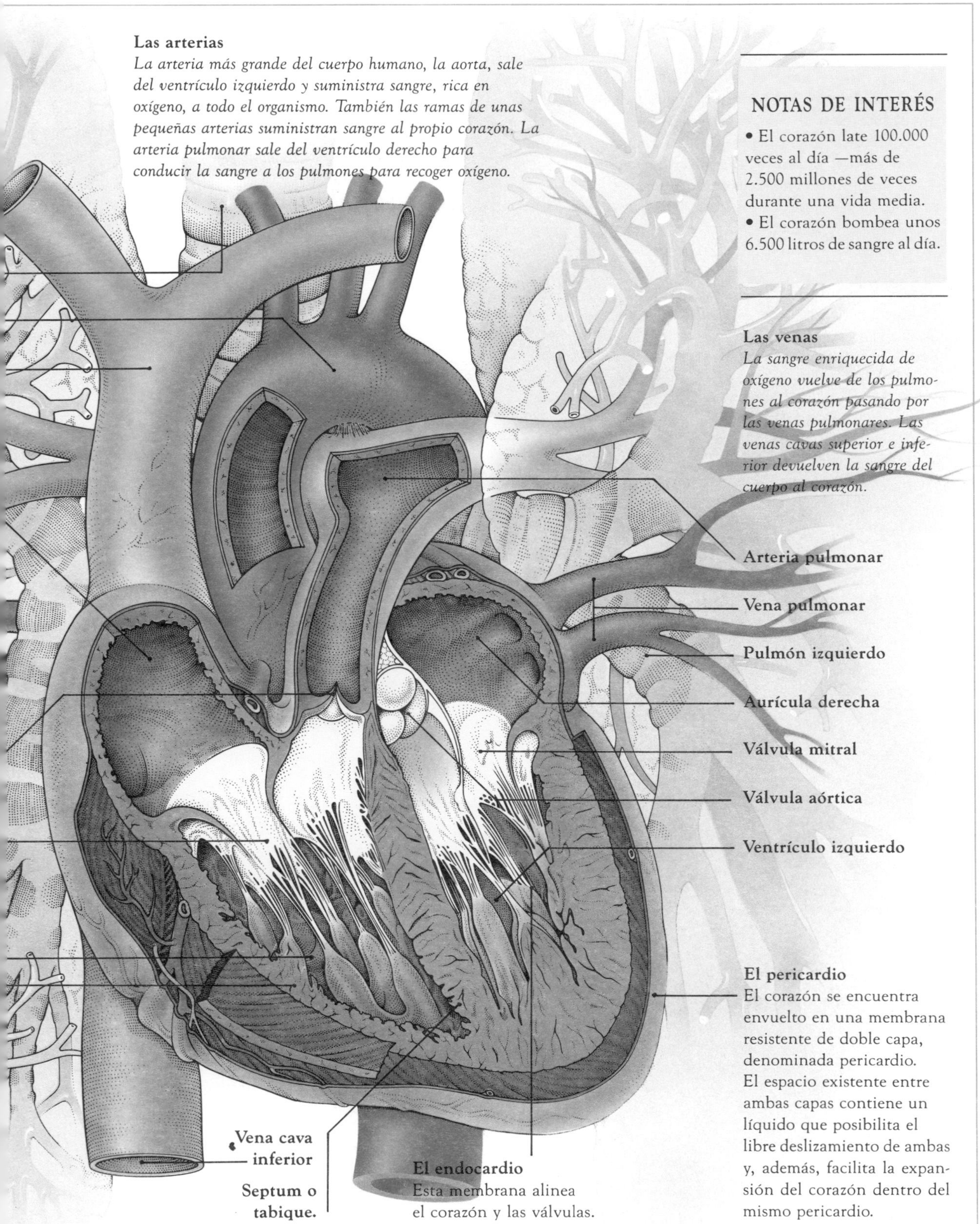

Arteria pulmonar

Vena pulmonar

Pulmón izquierdo

Aurícula derecha

Válvula mitral

Válvula aórtica

Ventrículo izquierdo

El pericardio
El corazón se encuentra envuelto en una membrana resistente de doble capa, denominada pericardio. El espacio existente entre ambas capas contiene un líquido que posibilita el libre deslizamiento de ambas y, además, facilita la expansión del corazón dentro del mismo pericardio.

Vena cava inferior

Septum o tabique.

El endocardio
Esta membrana alinea el corazón y las válvulas.

SISTEMA RESPIRATORIO

EL SISTEMA RESPIRATORIO te ayuda a absorber el oxígeno y exhalar el dióxido de carbono. El oxígeno inhalado del aire es absorbido por la sangre y recorre el organismo para abastecer a las células que lo necesitan, con objeto de que éstas produzcan energía. El dióxido de carbono es el producto sobrante de este proceso.

Los pulmones constituyen el centro del sistema respiratorio. El aire entra a los pulmones a través del tracto respiratorio superior, formado por la nariz, la garganta y la tráquea, la cual se divide en dos para formar ambos bronquios, uno para cada pulmón. A su vez, estos bronquios vuelven a dividirse en bronquíolos, cuyas terminales están formadas por cavidades en forma de bolsa llamadas alvéolos. Es aquí donde se efectúa el intercambio del dióxido de carbono por oxígeno, a través de las paredes de los finísimos vasos sanguíneos que pasan por los alvéolos.

La contracción de los músculos que se encuentran situados entre las costillas y el diafragma producen la inhalación del aire, mientras que la exhalación se produce cuando esos músculos se relajan, dejando salir el aire por la nariz y la boca.

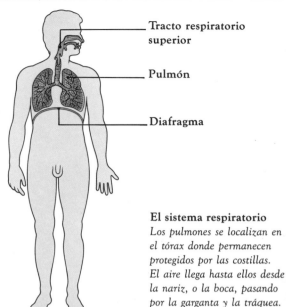

Tracto respiratorio superior

Pulmón

Diafragma

El sistema respiratorio
Los pulmones se localizan en el tórax donde permanecen protegidos por las costillas. El aire llega hasta ellos desde la nariz, o la boca, pasando por la garganta y la tráquea.

TOSER Y ESTORNUDAR

La tos es una acción refleja destinada a desbloquear las vías respiratorias, expulsando cuerpos extraños, mucosidades y esputo (flema).
El estornudo es una acción involuntaria del organismo destinada a limpiar la nariz o la parte superior del sistema respiratorio. Con frecuencia, el resfriado común se inicia con unos simples estornudos causados por la inflamación de las mucosidades de la nariz.

TOS ACOMPAÑADA DE SANGRE

Un esputo de tos acompañado de finos hilos o grumos de sangre puede significar un trastorno importante. Consulta inmediatamente a tu médico.

LA RESPIRACIÓN

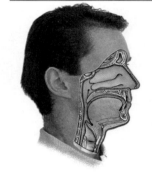

Las fosas nasales permiten el paso del aire para que éste llegue a los pulmones. Durante este trayecto el aire se va calentando. El fino vello que se encuentra dentro de la nariz sirve para filtrar el polvo y otros cuerpos extraños.

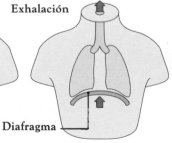

Inhalación

Exhalación

Diafragma

La inhalación
Se inhala cuando se contrae el diafragma. Los músculos situados entre las costillas se contraen, ensanchando y encogiendo, alternativamente, la caja torácica. Al absorber el aire, los pulmones se expanden para ocupar todo el espacio interior.

La exhalación
Cuando el diafragma y los músculos situados entre las costillas se relajan ocurre la exhalación. Durante este proceso de relajación, el diafragma empuja a los pulmones para que expulsen el aire previamente inhalado. Los pulmones sanos poseen una gran flexibilidad.

LOS PULMONES

Los pulmones poseen una forma cónica y se encuentran situados a ambos lados del corazón. El pulmón izquierdo es más pequeño que el derecho, debido a que el corazón se localiza en ese mismo lado. Ambos pulmones se encuentran ubicados en el interior de la caja torácica, protegidos por una membrana de doble capa, la pleura. Entre las dos membranas se encuentra el líquido pleural, el cual actúa como lubricante para facilitar la expansión y contracción pulmonar.

Tráquea
El interior de la tráquea posee una capa de mucosidades que retiene las partículas extrañas contenidas en el aire que se inhala.

Bronquios

Costilla

Membrana pleural

Bronquiolos

Alvéolos
Conforme respiras estas bolsas se van llenando de aire. Existen unos 300 millones de alveolos pulmonares. Los minúsculos vasos sanguíneos de su superficie absorben el oxígeno y liberan el dióxido de carbono.

EL OXÍGENO Y LOS PULMONES

Los pulmones oxigenan la sangre. Los vasos sanguíneos pulmonares absorben el oxígeno que has inhalado. Esta sangre oxigenada recorre todo el cuerpo debido al bombeo cardíaco.

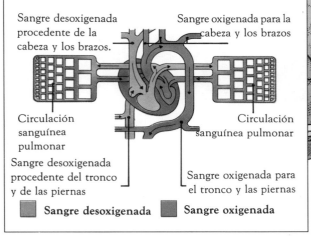

Sangre desoxigenada procedente de la cabeza y los brazos.

Sangre oxigenada para la cabeza y los brazos

Circulación sanguínea pulmonar

Circulación sanguínea pulmonar

Sangre desoxigenada procedente del tronco y de las piernas

Sangre oxigenada para el tronco y las piernas

■ **Sangre desoxigenada**   ■ **Sangre oxigenada**

Diafragma
Este músculo plano que separa la cavidad torácica del abdomen se contrae y relaja originando la inspiración y espiración pulmonar.

EL SISTEMA DIGESTIVO

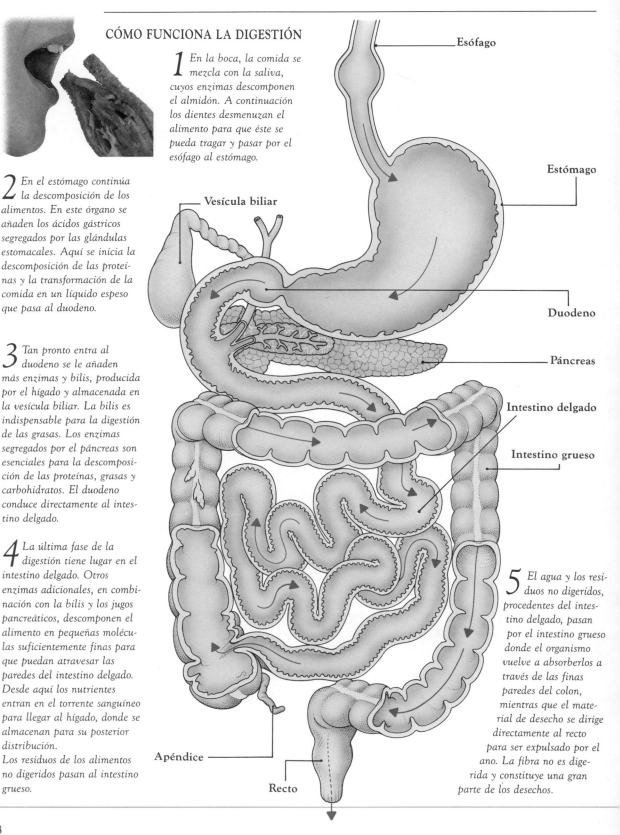

CÓMO FUNCIONA LA DIGESTIÓN

1 En la boca, la comida se mezcla con la saliva, cuyos enzimas descomponen el almidón. A continuación los dientes desmenuzan el alimento para que éste se pueda tragar y pasar por el esófago al estómago.

2 En el estómago continúa la descomposición de los alimentos. En este órgano se añaden los ácidos gástricos segregados por las glándulas estomacales. Aquí se inicia la descomposición de las proteínas y la transformación de la comida en un líquido espeso que pasa al duodeno.

3 Tan pronto entra al duodeno se le añaden más enzimas y bilis, producida por el hígado y almacenada en la vesícula biliar. La bilis es indispensable para la digestión de las grasas. Los enzimas segregados por el páncreas son esenciales para la descomposición de las proteínas, grasas y carbohidratos. El duodeno conduce directamente al intestino delgado.

4 La última fase de la digestión tiene lugar en el intestino delgado. Otros enzimas adicionales, en combinación con la bilis y los jugos pancreáticos, descomponen el alimento en pequeñas moléculas suficientemente finas para que puedan atravesar las paredes del intestino delgado. Desde aquí los nutrientes entran en el torrente sanguíneo para llegar al hígado, donde se almacenan para su posterior distribución.
Los residuos de los alimentos no digeridos pasan al intestino grueso.

5 El agua y los residuos no digeridos, procedentes del intestino delgado, pasan por el intestino grueso donde el organismo vuelve a absorberlos a través de las finas paredes del colon, mientras que el material de desecho se dirige directamente al recto para ser expulsado por el ano. La fibra no es digerida y constituye una gran parte de los desechos.

Esófago

Estómago

Vesícula biliar

Duodeno

Páncreas

Intestino delgado

Intestino grueso

Apéndice

Recto

LA INDIGESTIÓN

La indigestión produce náuseas, dolor en la parte superior del abdomen y malestar en general. Las siguientes medidas te ayudarán a prevenir la indigestión, aunque es mejor que consultes a tu médico.

- No comas rápidamente.
- Evita las comidas con muchas especias.
- Deja de fumar.
- Reduce el consumo de bebidas alcohólicas.
- Come poca cantidad.
- No practiques ejercicios físicos intensos después de haber comido.

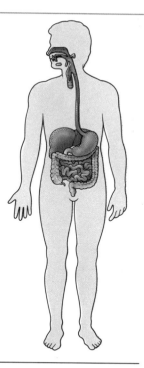

A COMIDA APORTA LAS energías necesarias para la vida del organismo. No obstante, antes de que la pueda utilizar para crear nuevas células o para potenciar las reacciones químicas, la comida debe ser digerida o descompuesta de forma adecuada. Todas las proteínas, los carbohidratos y las grasas de los alimentos se descomponen químicamente en formas más pequeñas y más simples para que, pasando por el torrente sanguíneo y el sistema linfático, puedan llegar al hígado, donde se procesan, y finalmente a las células. Las vitaminas y minerales no se digieren, sino que son absorbidos tal y como llegan.

El tracto digestivo es un órgano muscular de aproximadamente nueve metros de largo, dotado de una apertura en ambos extremos. La comida entra por uno y, tras haber sido desmenuzada en pequeños trocitos, se somete a una serie de procesos químicos completos para pasar al estómago y a los intestinos. Cuando el alimento llega al final del intestino delgado ha sido reducido a un nivel molecular que la corriente sanguínea es capaz de absorber perfectamente. Toda la materia no digerida es expulsada por el otro extremo del tracto digestivo.

¿CÓMO SE PUEDEN ABSORBER LOS NUTRIENTES TAN RÁPIDAMENTE?

Los nutrientes son absorbidos por el organismo atravesando las paredes del intestino delgado, en un plazo de pocas horas. Esta absorción se realiza gracias a la intervención de millones de protuberancias minúsculas denominadas vellosidades.

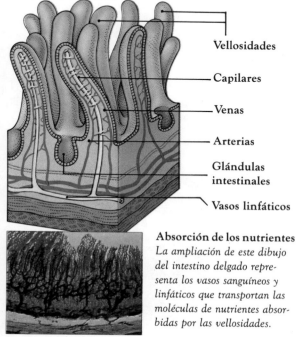

Vellosidades

Capilares

Venas

Arterias

Glándulas intestinales

Vasos linfáticos

Absorción de los nutrientes
La ampliación de este dibujo del intestino delgado representa los vasos sanguíneos y linfáticos que transportan las moléculas de nutrientes absorbidas por las vellosidades.

¿CUÁNTO TARDAMOS EN HACER LA DIGESTIÓN?

En la ilustración se indica el tiempo aproximado que pasa el alimento en cada una de las partes que conforman el sistema digestivo. Ese tiempo varía en función de si los alimentos son líquidos o sólidos.

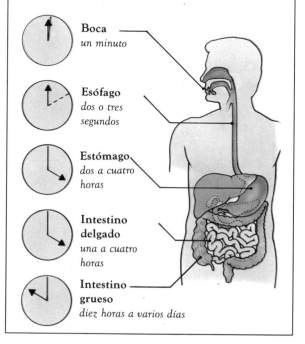

Boca
un minuto

Esófago
dos o tres segundos

Estómago
dos a cuatro horas

Intestino delgado
una a cuatro horas

Intestino grueso
diez horas a varios días

La Piel, el Cabello y las Uñas

Tu piel, tu cabello y tus uñas reflejan tu estado de salud. Ya que la mayoría de las personas son capaces de observar fácilmente cualquier alteración en la piel, cabello o uñas, estos síntomas constituyen una señal de alarma útil para detectar una posible enfermedad.

Aunque, en realidad, el cabello y las uñas desempeñan una función sumamente reducida, la piel es un órgano vital. Se trata de un tejido suave y elástico que cubre y protege al cuerpo. Es impermeable, autorestaurador y a prueba de bacterias, además de ser el mayor órgano del cuerpo humano. Está compuesta por dos capas, la epidermis o capa superior y la dermis o capa inferior.

La piel produce vitamina D. Se broncea para proteger al cuerpo de los rayos ultravioletas; regula la temperatura del organismo y está provista de nervios que nos transmiten las sensaciones del contacto, de las presiones y del dolor.

La epidermis
La superficie de la piel está formada por una capa de células planas y muertas que contienen una proteína denominada queratina y que forman una capa impermeable actuando como agentes protectores. Esta capa es más gruesa en las partes más expuestas al desgaste, como las palmas de las manos o las plantas de los pies. El resto de la epidermis está formada por una capa intermedia y otra de células basales.

La capa de células basales
Las células de la base de la epidermis crecen, se dividen y maduran, desplazándose hacia arriba para reemplazar a aquellas desgastadas de la superficie. Este reemplazo suele tardar unos dos meses. En esta capa también se encuentran los melanocitos, productores de melanina, sustancia que colorea la piel y el cabello.

La dermis
La dermis, más gruesa que la epidermis y la capa de células basales, se encuentra debajo de la epidermis y contiene la mayor parte de los componentes estructurales vivos de la piel. Bien intercaladas y protegidas en el tejido conjuntivo de la dermis se encuentran unas determinadas estructuras, tales como los folículos capilares, algunos terminales nerviosos, las glándulas sebáceas y sudoríparas que, una vez en la superficie, se abren en forma de poros. En esta capa de la piel también se encuentran los vasos sanguíneos.

EL CUIDADO DE LA PIEL
• Lava tu piel con mucha agua y jabón suave.
• Elimina el maquillaje.
• No te quites ningún grano: podría infectarse.
• Consulta a tu médico si observaras algún cambio en el aspecto de tu piel.
• Utiliza cremas protectoras adecuadas cuando tomes el sol.
• Elimina las células muertas de la piel de tus pies.
• Seca la piel de entre los dedos de tus pies.

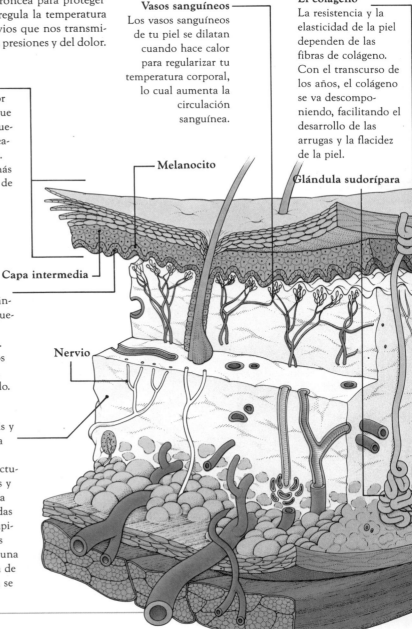

Vasos sanguíneos
Los vasos sanguíneos de tu piel se dilatan cuando hace calor para regularizar tu temperatura corporal, lo cual aumenta la circulación sanguínea.

El colágeno
La resistencia y la elasticidad de la piel dependen de las fibras de colágeno. Con el transcurso de los años, el colágeno se va descomponiendo, facilitando el desarrollo de las arrugas y la flacidez de la piel.

Melanocito

Capa intermedia

Glándula sudorípara

Nervio

EL CUIDADO DEL CABELLO

El cabello está compuesto de células muertas. Crece durante tres años y, a continuación, se cae para ser reemplazado por otro nuevo. Puedes vigilar y controlar el estado físico de tu cabello pero no la cantidad que pierdes.

La limpieza del cabello
Emplea un champú suave y adecuado y un acondicionador para mantenerlo sano.

Trata tu cabello con suavidad
Péinalo, pero no lo cepilles cuando está mojado. Mantén el secador, como mínimo, a una distancia de 15 cm para no dañar tu cabello y evitar que las puntas se abran.

Glándula sebácea
Estas glándulas producen la grasa necesaria para mantener tu piel suave y exenta de infecciones.

Cabello

Folículo capilar (raíz)

Poro

LAS UÑAS

Las uñas aumentan la destreza y habilidad de los dedos. Tanto las uñas de las manos como las de los pies nacen de un pliegue de piel situado en la base. Están compuestas de una proteína denominada queratina, formada por células muertas, hecho que les proporciona una gran dureza. Una uña tarda unos seis meses en crecer desde la base hasta la punta: las uñas de los pies tardan el doble. Existen muchos consejos prácticos para mantener las uñas sanas:

• Utiliza guantes de goma cuando metas tus manos en agua durante un período de tiempo prolongado.
• Mantén las uñas cortas para evitar que se partan.
• Límalas después del baño, justo en el momento en el que son más blandas.
• Límalas con una lima de cartón, desde la parte externa hacia el centro.
• Corta las uñas de los pies en forma recta.

Grasa subcutánea

HUESOS, MÚSCULOS Y ARTICULACIONES

LOS HUESOS

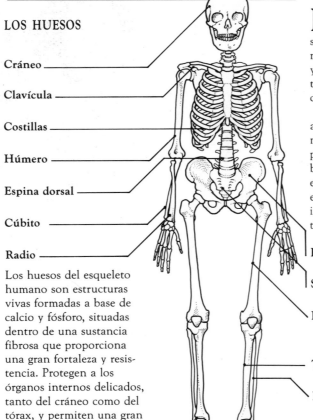

Cráneo

Clavícula

Costillas

Húmero

Espina dorsal

Cúbito

Radio

Pelvis

Sacro

Fémur

Tibia

Peroné

Huesos del pie
(metatarso y tarso)

Los huesos del esqueleto humano son estructuras vivas formadas a base de calcio y fósforo, situadas dentro de una sustancia fibrosa que proporciona una gran fortaleza y resistencia. Protegen a los órganos internos delicados, tanto del cráneo como del tórax, y permiten una gran flexibilidad de movimiento a los miembros del cuerpo.

LOS HUESOS, LOS MÚSCULOS Y LAS ARTICULACIONES son el bastidor y soporte del cuerpo humano. Los huesos se unen con los huesos contiguos mediante los llamados ligamentos; los músculos se unen con los huesos, ya sea directamente, o bien, mediante la ayuda de unos tejidos llamados tendones. Ambos, los huesos y las articulaciones son accionados por el sistema muscular.

Después de haber recibido el estímulo nervioso del aparato locomotor, las fibras situadas dentro del músculo se contraen o relajan con rapidez. Por ejemplo, para estirar tu brazo, el cerebro le ordena al tríceps, del brazo, que se contraiga, y al bíceps, que se relaje. Sin embargo, el movimiento de los órganos internos, como el latido del corazón, es controlado por los músculos involuntarios que normalmente trabajan sin ningún tipo de control consciente.

RECUENTO DE HUESOS

El esqueleto de una persona adulta está formado por 206 huesos —32 en cada brazo, 31 en cada pierna, 29 en el cráneo, 26 en la espina dorsal y 25 en el tórax. Existen algunas, pero pocas personas que tienen un par de costillas más.

LAS ARTICULACIONES

Las articulaciones son las estructuras que unen los huesos. Existen varios tipos diferentes capaces de realizar distintos movimientos. Las articulaciones fijas, como las del cráneo, sujetan un conjunto de huesos y, una vez unidos desde la primera infancia, no cambian de posición. Las articulaciones de la espina dorsal tienen una movilidad parcial, aunque proporcionan a la espina una flexibilidad considerable. Otras, con amplia capacidad de movimiento, las llamadas articulaciones sinoviales, contienen un líquido lubricante entre los diferentes huesos, lo que les da un máximo nivel de movilidad.

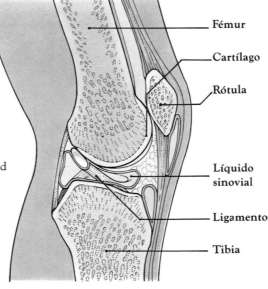

Fémur

Cartílago

Rótula

Líquido sinovial

Ligamento

Tibia

El movimiento de las articulaciones
Todas las articulaciones móviles poseen una estructura similar, pero cada una sirve para ejecutar un movimiento diferente. Las articulaciones de eje, como la de la nuca se mueven sobre un plano de rotación; las de bisagra, como la de la rodilla, son unidireccionales; y aquellas de encastre o de rótula, como la de la cadera, son las que proporcionan un mayor movimiento.

LOS MÚSCULOS

Los músculos del esqueleto se contraen y relajan para llevar a cabo un movimiento y se clasifican según la acción que realizan. Los extensores abren la articulación, los flexores la cierran. Los aductores encogen una parte del cuerpo hacia el interior, los abductores la extienden hacia fuera, los elevadores la levantan y los depresores, la bajan.

EL CONJUNTO MUSCULAR

El cuerpo humano posee más de 600 músculos diferentes, cada uno con su denominación correspondiente. El conjunto de masa muscular representa un 40 a un 45 % del peso corporal.

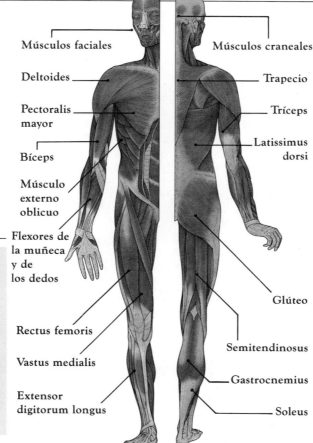

Músculos faciales

Deltoides

Pectoralis mayor

Bíceps

Músculo externo oblicuo

Flexores de la muñeca y de los dedos

Rectus femoris

Vastus medialis

Extensor digitorum longus

Músculos craneales

Trapecio

Tríceps

Latissimus dorsi

Glúteo

Semitendinosus

Gastrocnemius

Soleus

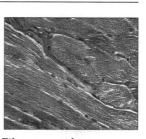

Fibras musculares
Examinados bajo el microscopio, los músculos del esqueleto muestran un aspecto rayado compuesto por miles de fibras musculares largas y delgadas.

Para sonreír y reír
El músculo zygomaticus major tiene la capacidad de realizar el movimiento facial de risa o sonrisa. Otros músculos de la cara controlan diferentes expresiones faciales.

MANOS INTELIGENTES

Las manos sirven para coger y manipular los objetos: constituyen la parte más versátil de tu cuerpo. Los músculos del antebrazo ejecutan la mayoría de los movimientos de la mano, pero los músculos cortos de la palma controlan las acciones más delicadas.

PULGARES OPUESTOS

Sólo los humanos y algunos otros primates poseen dedos y pulgares con capacidad para moverse independientemente, hecho que les permite poder coger las cosas.

Hueso

Tendón

Músculo

Huesos de los dedos (falanges)

Huesos de la palma (metacarpiano)

Huesos de la muñeca (carpiano)

LOS RIÑONES Y EL SISTEMA URINARIO

EL SISTEMA URINARIO comprende la parte de nuestro organismo que se ocupa de eliminar las sustancias químicas de desecho y el exceso de agua. Está compuesto por los riñones, encargados de transformar los desechos químicos y sobrantes de agua que les llegan a través de la sangre, en orina; el uréter, que es el drenaje por el cual pasa la orina desde los riñones a la vejiga; la vejiga, que almacena la orina; y la uretra, el tubo por el cual pasa la orina desde la vejiga al exterior del organismo. La orina contiene elementos normales que pueden ser orgánicos (urea, etc.) e inorgánicos (sodio, etc.), y puede contener elementos patológicos (glucosa, proteínas, etc.).

El aparato urinario está expuesto a padecer diversas enfermedades. Por ejemplo, la uretra femenina sólo mide 2,5 cm, lo cual la predispone a contraer más infecciones desde el exterior. Las infecciones renales pueden dañar a los tejidos de los riñones, reduciendo la capacidad de filtración. Las piedras que se forman en los riñones o la vejiga causan fuertes dolores antes de ser expulsadas.

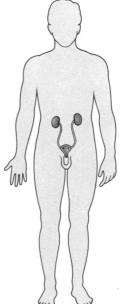

El aparato urinario
Los órganos que componen el aparato urinario se hallan en el torso. Los riñones se encuentran situados justo encima de la cintura, a ambos lados de la espina dorsal, y la vejiga detrás del pubis.

ADVERTENCIA

Consulta a tu médico en caso que descubras cualquiera de los siguientes síntomas: sangre en la orina, dolor o dificultad para orinar, presencia de pus u olor desagradable de la orina.

CÓMO FUNCIONA EL APARATO URINARIO

Riñones
Cuando la sangre pasa por los riñones, estos filtran y eliminan las sustancias químicas de desecho y el exceso de agua. El líquido que se produce es la orina.

Vejiga
La vejiga va acumulando la orina. Cuando está llena sentimos la necesidad de orinar. Sus paredes flexibles se contraen durante este proceso, obligando a la orina a pasar por la uretra hacia el exterior.

Los uréteres
Dos conductos estrechos conducen la orina desde los riñones hasta la vejiga, y una válvula especial impide su regreso.

Músculo esfínter
Este músculo, controlado por el cerebro, abre y cierra la salida de la vejiga y permite escoger el momento para orinar.

La uretra
Este tubo estrecho de unos 25 cm de longitud en los hombres, y sólo 2,5 cm en las mujeres, conduce la orina desde la vejiga, pasando por los genitales, hacia el exterior.

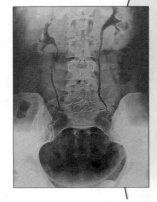

Pielograma
Cualquier trastorno del aparato urinario puede ser detectado con un pielograma. En este ejemplo, los uréteres y los riñones aparecen de color rojo, y la vejiga en verde.

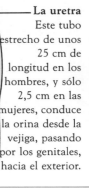

LA CISTITIS

La cistitis es una inflamación del interior de la vejiga, normalmente causada por una infección bacterial. Las bacterias, inofensivas para los intestinos, pueden originar cistitis cuando llegan a introducirse en el aparato urinario e, incluso, pueden seguir su invasión pasando por los uréteres y llegar hasta los riñones.

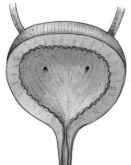

Infección de la vejiga
Las paredes de la vejiga se irritan e inflaman.

Infección de la uretra
Las bacterias se multiplican en la uretra y siguen su camino hacia la vejiga.

La bacteria *Escherichia coli*
Esta fotografía, realizada con ayuda de un microscopio electrónico, representa a la bacteria *E. coli*, causante habitual de la cistitis.

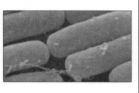

PREVENCIÓN DE CISTITIS EN LAS MUJERES

- Beber por lo menos dos litros de líquido cada día.
- Llevar ropa interior de algodón.
- Después de una evacuación intestinal, limpiarse en dirección de delante hacia atrás.
- No utilizar jabones ni desodorantes perfumados.
- Orinar antes y después del acto sexual.

EL FUNCIONAMIENTO DE LOS RIÑONES EN RELACIÓN A LA EDAD

El buen funcionamiento de los riñones disminuye con el paso de los años. El riñón de una persona joven tiene, aproximadamente, un millón de nefronas o pequeños filtros.

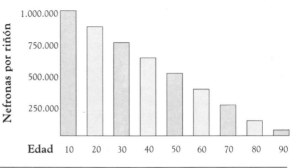

LA INCONTINENCIA URINARIA

Cuando se orina sin que se desee, se sufre de incontinencia urinaria. Esta enfermedad es relativamente común entre la gente mayor y afecta más a las mujeres que a los hombres. Sus razones son múltiples, entre otras, las infecciones urinarias, las obstrucciones en la salida de la vejiga o la demencia senil. No obstante, también la debilidad de determinados músculos, entre ellos el esfínter que controla la salida de la orina de la vejiga, o de aquellos que sostienen la base de la pelvis después del parto, pueden provocar incontinencia. Aunque pueda resultar molesto, es imprescindible comentar cualquier problema de esta índole con el médico que posiblemente encuentre la causa y un remedio eficaz. En el caso de que no lo pudiese curar, seguramente conocerá una solución para hacerlo más llevadero.

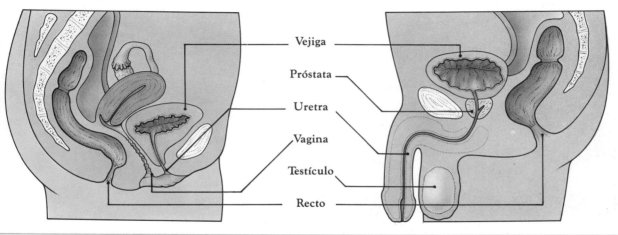

Vejiga
Próstata
Uretra
Vagina
Testículo
Recto

EL SISTEMA ENDOCRINO

EL SISTEMA ENDOCRINO controla varios procesos del organismo, como el metabolismo, el crecimiento, la conducta frente al estrés, el desarrollo sexual y sus funciones. Las glándulas correspondientes segregan docenas de mensajeros químicos conocidos como hormonas. Muchas veces se considera a la glándula pituitaria situada en la base del cerebro como la glándula maestra, ya que es ella la que induce a otras glándulas a producir determinadas hormonas.

Las hormonas activan y controlan muchas facetas diferentes de las funciones mentales y fisiológicas. Son producidas y segregadas por numerosas glándulas diferentes y también por otros órganos y tejidos, como los riñones, la piel y los intestinos. Dentro de estas glándulas, las hormonas producidas por las células glandulares son transportadas por la corriente sanguínea. Aunque las hormonas vayan circulando por todo el organismo, solamente entran en acción cuando tropiezan con un determinado tejido específico "programado" para responderles.

Cuanto más grande sea la cantidad de una determinada hormona circulando por la corriente sanguínea, más fuerte será el efecto que produce. En caso necesario, se administran hormonas sintéticas para sustituir a las naturales, con objeto de mantener el buen funcionamiento del organismo. Algunas infecciones y el exceso de estrés, que son capaces de influir en la producción hormonal, pueden provocar desequilibrios en el sistema.

SÍNTOMAS DE UN TRASTORNO HORMONAL

Los síntomas relacionados con un trastorno hormonal son muy variados y reflejan la gran diversificación de funciones controladas por las hormonas. Pero basta con un análisis de sangre para detectar si sufres algún trastorno hormonal, ya que existe la posibilidad de detectar el nivel de hormonas en la sangre. Los síntomas más comunes son: fatiga, sed, producción excesiva de orina, maduración sexual lenta o prematura, exceso de vello cutáneo, pérdida o exceso de peso, alteración en la distribución de la grasa del cuerpo, ansiedad y cambios en el aspecto de la piel. Consulta a tu médico si detectas alguno de estos síntomas.

LAS GLÁNDULAS PRODUCTORAS DE HORMONAS

La tiroides
Productora de hormonas que estimulan el metabolismo y controlan la temperatura del cuerpo.

El páncreas
Esta glándula produce los enzimas digestivos y también controla la absorción de los azúcares produciendo insulina y glucagón. En caso de una producción insuficiente de insulina, se sufre diabetes, aunque ésta puede ser controlada mediante inyecciones de insulina sintética.

Las glándulas suprarrenales
Estas glándulas intervienen en el control de la tensión sanguínea y el metabolismo.

TRASTORNOS HORMONALES

Siempre que se produce algún trastorno hormonal éste se debe a una producción excesiva o defectuosa de una determinada glándula. En estos casos, normalmente se recurre a una medicación adecuada para corregir este defecto o se administran hormonas sintéticas. Los síntomas de estos trastornos son extremadamente variados, ya que el sistema endocrino se encarga de múltiples funciones diferentes dentro del organismo humano.

Trastornos de la glándula pituitaria
La falta de esta hormona impide el desarrollo y crecimiento del niño (enanismo); su exceso le hace crecer demasiado (gigantismo). Si el tratamiento se inicia cuando el niño todavía es joven, aún podrá lograr alcanzar una estatura normal.

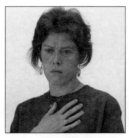

Trastorno de la tiroides
La producción insuficiente de esta glándula origina el hipotiroidismo que produce síntomas tales como la letargia, un aumento de peso y sequedad en la piel.

La glándula pituitaria

La pituitaria regula a otras glándulas, además de segregar hormonas para el control del crecimiento y la concentración de la orina. Además interviene en la estimulación del parto y en la producción de la leche materna.

Las glándulas paratiroides

Estas pequeñas glándulas que se encuentran situadas dentro de la tiroides regulan el nivel de calcio en la sangre.

Los ovarios

El estrógeno y la progesterona, es decir, las hormonas sexuales femeninas se producen en los ovarios después de recibir el correspondiente estímulo de la glándula pituitaria. Controlan la ovulación, la menstruación, la fertilidad y los caracteres sexuales.

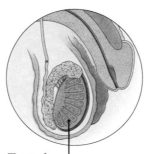

Testículos

La hormona sexual masculina, la testosterona, se produce en los testículos después de haber recibido el estímulo de la hormona gonadotrofina de la pituitaria. Controla la producción de espermatozoides, así como los caracteres sexuales.

LA PRODUCCIÓN DE LAS HORMONAS

La mecánica de reacción interviene en la producción de cada una de las glándulas para que la cantidad sea la correcta. El hipotálamo se encarga de controlar los niveles de las hormonas en la sangre y de dar las órdenes pertinentes a las glándulas para que éstas modifiquen su producción en caso necesario.

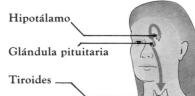

Hipotálamo

Glándula pituitaria

Tiroides

1 El organismo funciona con normalidad. Las hormonas producidas por la tiroides y la pituitaria están equilibradas.

El hipotálamo reacciona

Mecanismo negativo

Exceso de hormonas producidas por la tiroides

2 La tiroides produce un exceso de hormonas. El hipotálamo detecta esta alteración y avisa a la pituitaria para que produzca menos hormonas estimulantes de la actividad tiroidal.

El hipotálamo reacciona

El mecanismo se debilita

Insuficiencia de hormonas tiroidales

3 Si la producción de hormonas tiroidales disminuye, el hipotálamo avisa a la pituitaria para que incremente la cantidad de hormonas estimulantes de la tiroides.

El Cerebro y el Sistema Nervioso

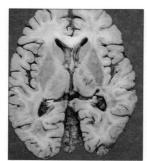

Concentraciones de células nerviosas

La sustancia gris «alberga» al intelecto, las aptitudes y las emociones.

EL CEREBRO CONSTITUYE el centro de control sobre el cuerpo humano y es el órgano de mayor tamaño del sistema nervioso central (SNC) que recibe, clasifica, interpreta y almacena sensaciones e información a través de los nervios que se extienden desde el SNC a todas partes del cuerpo.

Existen dos hemisferios cerebrales que comprenden casi el 90 % del tejido cerebral o nervioso, cuyo aspecto exterior en pliegues incrementa su superficie. Los hemisferios controlan los procesos del pensamiento, de los sentidos y del movimiento. El pedúnculo cerebral establece una conexión entre el cerebro y la médula espinal y contiene los centros nerviosos que controlan la respiración así como otras funciones vitales, mientras que el cerebelo se encarga del equilibrio, la coordinación de los músculos y la postura.

Estructura del cerebro

El cerebro está formado por el pedúnculo, el cerebelo y los hemisferios cerebrales.

EL CEREBRO

Los dos hemisferios se dividen en lóbulos por cuyas cisuras pasan las arterias y las venas para suministrar oxígeno y nutrientes.

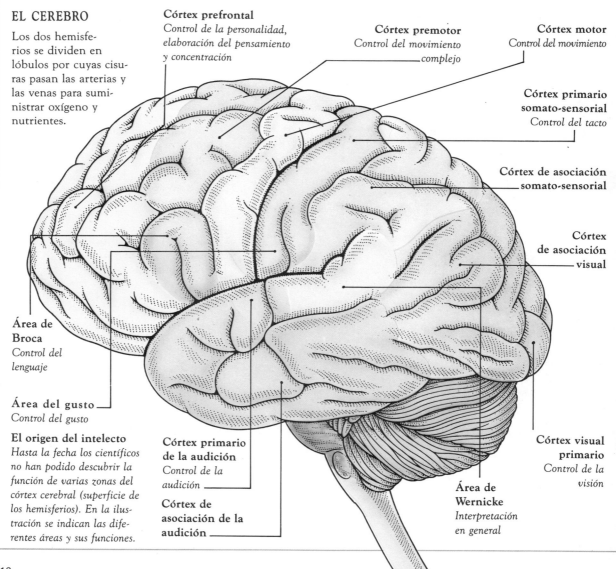

Córtex prefrontal
Control de la personalidad, elaboración del pensamiento y concentración

Córtex premotor
Control del movimiento complejo

Córtex motor
Control del movimiento

Córtex primario somato-sensorial
Control del tacto

Córtex de asociación somato-sensorial

Córtex de asociación visual

Hemisferios cerebrales

Cerebelo

Pedúnculo

Área de Broca
Control del lenguaje

Área del gusto
Control del gusto

El origen del intelecto
Hasta la fecha los científicos no han podido descubrir la función de varias zonas del córtex cerebral (superficie de los hemisferios). En la ilustración se indican las diferentes áreas y sus funciones.

Córtex primario de la audición
Control de la audición

Córtex de asociación de la audición

Área de Wernicke
Interpretación en general

Córtex visual primario
Control de la visión

218

DATOS DE INTERÉS

El cerebro humano medio pesa aproximadamente 1,4 kg y posee millones de neuronas (células nerviosas) necesarias para la memoria e implicadas, como elementos indispensables, en todos los procesos de aprendizaje. El hemisferio izquierdo controla la parte derecha del cuerpo y viceversa.

LA INTELIGENCIA

Existen muchas definiciones de inteligencia. No obstante, esencialmente es una medida para determinar la capacidad de comprensión y de razonamiento de un individuo. Va aumentando hasta la edad de 6 años, para después estabilizarse. El coeficiente de inteligencia, el C.I., que puede determinarse mediante tests, aumenta hasta los 26 años y se va reduciendo progresivamente después de los 40.

Razonamiento lógico

Este test revela tu capacidad de razonamiento lógico. Si analizas las diferentes figuras de la ilustración, ¿podrías decir cuál debería ser la siguiente figura geométrica?

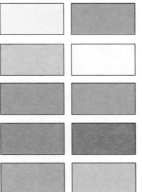

Memoria a corto plazo (memoria reciente)

Empezando por la parte superior, concéntrate en cada una de las parejas de colores durante diez segundos. A continuación cubre la columna de la izquierda, descubriendo un rectángulo cada vez para recordar el color de la pareja. Repite el test media hora más tarde. Después de haber hecho el test varias veces deberías recordar todos los colores.

EL SISTEMA NERVIOSO

El sistema nervioso central (SNC) está compuesto por el cerebro y la médula espinal. Éste analiza e inicia las respuestas. Los nervios sensoriales distribuidos por todo el organismo recogen la información, y sus células nerviosas llevan las señales de respuesta al SNC. Los nervios motores recogen las instrucciones del cerebro y de la médula espinal para transmitirlos a los músculos que inician el movimiento. Los nervios autónomos controlan determinadas funciones como el sudor y los latidos.

El sistema nervioso en acción

Gracias a la sofisticación del sistema nervioso podemos realizar algunos procesos complejos que requieren movimientos precisos, tales como el tocar la guitarra.

¿Cómo se realiza la operación de coger un objeto?

Una vez que has decidido coger cualquier objeto, el cerebro envía los impulsos correspondientes a través de los nervios motores en la médula espinal al grupo de músculos de tu antebrazo y tu mano. A continuación, varios músculos se contraen o relajan para que puedas cogerlo.

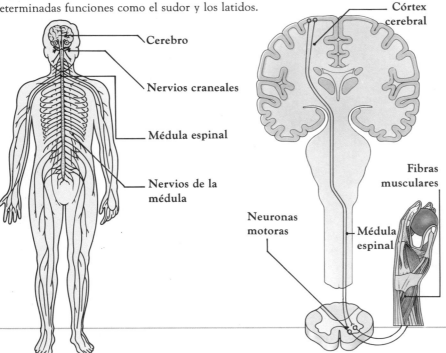

Cerebro

Nervios craneales

Médula espinal

Nervios de la médula

Córtex cerebral

Fibras musculares

Neuronas motoras

Médula espinal

Sangre, Médula Ósea y Sistema Linfático

LA SANGRE, LA MEDULA ÓSEA y el sistema linfático son los integrantes de una red de transporte y de defensa que tiene por objeto abastecer los tejidos del cuerpo humano con oxígeno y nutrientes y protegerlos contra las infecciones.

La medula ósea produce nuevos glóbulos de forma constante, para sustituir a los viejos que se van destruyendo en el bazo. Estos nuevos glóbulos se integran en la corriente sanguínea y circulan por todo el organismo.

Los glóbulos rojos se encargan de transportar el oxígeno a todas las células del organismo, y las plaquetas facilitan la coagulación de la sangre. Los glóbulos blancos se producen tanto en la medula ósea como en las glándulas linfáticas. Estos circulan por todo el cuerpo a través de la corriente sanguínea, por las glándulas y tejidos linfáticos, para combatir las posibles infecciones.

El plasma

Los glóbulos rojos y blancos se encuentran en un líquido amarillento, el plasma, que contiene sales, nutrientes, enzimas, anticuerpos y componentes disueltos para la coagulación de la sangre.

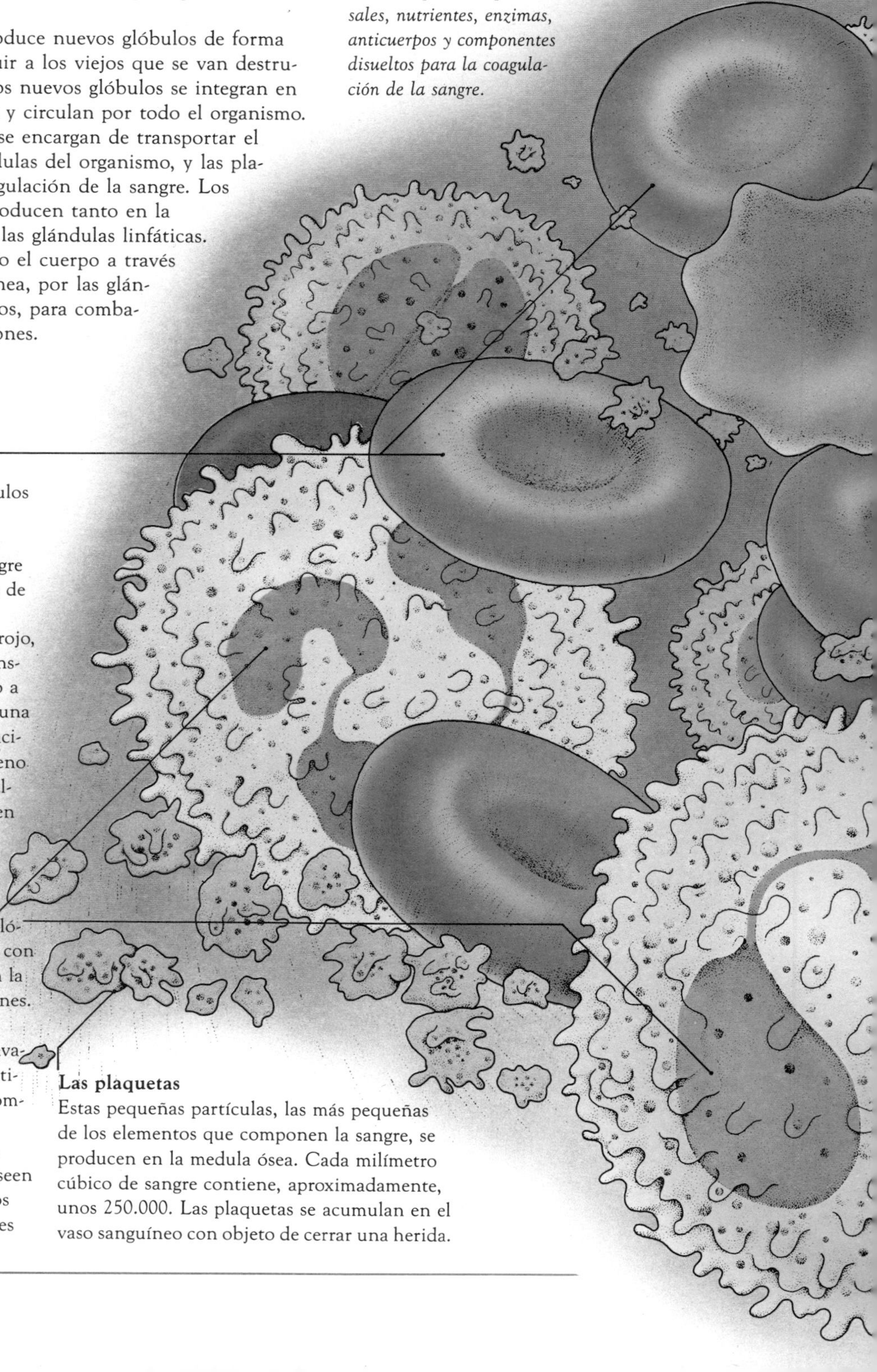

Los glóbulos rojos

En la sangre existe una mayor cantidad de glóbulos rojos, los cuales poseen forma de disco. En cada milímetro cúbico de sangre hay unos cinco millones de ellos y en su interior se encuentra un pigmento rojo, la hemoglobina, que transporta el oxígeno. Debido a su configuración tienen una gran superficie que les facilita la absorción de oxígeno cuando pasan por los pulmones, el cual distribuyen por todo el cuerpo.

Los glóbulos blancos

Existen varios tipos de glóbulos blancos, cada uno con una función diferente en la lucha contra las infecciones. Algunos atacan directamente a los microbios invasores; otros producen anticuerpos que, a su vez, combaten a los microbios e inmunizan el organismo. Los glóbulos blancos poseen un mayor tamaño que los rojos, pero están presentes en menor cantidad.

Las plaquetas

Estas pequeñas partículas, las más pequeñas de los elementos que componen la sangre, se producen en la medula ósea. Cada milímetro cúbico de sangre contiene, aproximadamente, unos 250.000. Las plaquetas se acumulan en el vaso sanguíneo con objeto de cerrar una herida.

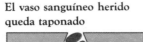

LA COAGULACIÓN DE LA SANGRE

La coagulación tiene lugar a causa de la solidificación de la sangre, sellando el vaso sanguíneo y reduciendo o controlando la pérdida de sangre. Normalmente la coagulación ocurre sólo en caso de una herida.

No obstante, la coagulación no resulta siempre beneficiosa: existen algunos coágulos anormales (trombos) que llegan a bloquear los vasos sanguíneos provocando embolias y ataques cardíacos.

Se activan las plaquetas

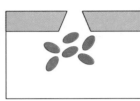

Se realiza el proceso de coagulación

El vaso sanguíneo herido queda taponado

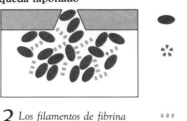

1 *Al llegar a la zona herida, las plaquetas se vuelven pegajosas y se adhieren a la pared del vaso sanguíneo.*

2 *Las plaquetas liberan sustancias químicas que actúan, en primer lugar, coagulando la sangre y transformando el fibrinógeno en fibrina proteica.*

3 *Los filamentos de fibrina se unen con las plaquetas y los glóbulos blancos y rojos para formar un bloque sólido de coágulo.*

CLAVE

● Plaquetas

✳ Factores coagulantes

▪▪▪ Fibrina

▲ Fibrinógeno

DATOS DE INTERÉS

La vida de los glóbulos rojos dura, aproximadamente, ciento veinte días. Por lo tanto, la sangre de los bancos de sangre debe tirarse una vez transcurrido este plazo porque contiene demasiadas células muertas. Los glóbulos blancos en la sangre sobreviven desde unos días hasta meses y años. Las plaquetas sólo conservan su actividad durante nueve días.

LA FUNCIÓN DEL SISTEMA LINFÁTICO

El sistema linfático consiste en una fina red de glándulas linfáticas (o nódulos) que se encuentran, predominantemente, en el cuello, la ingle y las axilas, y están unidos por vasos linfáticos. El drenaje de líquido linfático a la corriente sanguínea ayuda a combatir infecciones.

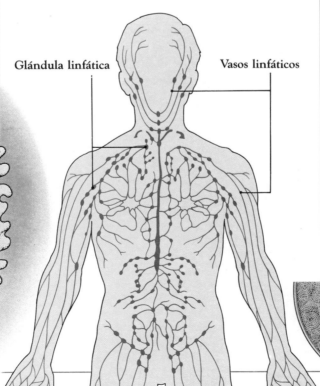

Glándula linfática

Vasos linfáticos

LA MÉDULA ÓSEA

La cavidad central de algunos huesos planos y la estructura porosa de los huesos esponjosos contienen un tejido graso denominado médula ósea. Todas las células productoras de las plaquetas y de los glóbulos rojos, y la mayor parte de los glóbulos blancos, se forman en la médula ósea a través de una serie de divisiones de una célula base. Las nuevas células se incorporan al torrente sanguíneo.

Médula ósea

EL SISTEMA INMUNITARIO

Los virus del resfriado (rojos) atacando a una célula (color naranja)

El refriado común

Después de cada resfriado, el organismo forma anticuerpos para un determinado tipo de virus de la enfermedad. No obstante, como existen tantos diferentes, es imposible estar inmune a todos ellos.

EL SISTEMA INMUNITARIO protege al organismo contra las enfermedades que le causaría la invasión de millones de microorganismos y sustancias químicas.

Existen dos tipos de inmunidad diferentes: la innata o natural, consistente en barreras físicas tales como la piel; y las sustancias químicas (normalmente los enzimas) que se encuentran en todas las mucosas (el interior de la boca, la garganta, los ojos, los intestinos, la vagina y las vías urinarias) y que destruyen a los microorganismos invasores. También los bebés reciben una protección por parte de los anticuerpos, cuando el feto todavía está en el útero materno y, después del nacimiento, a través de la leche materna.

La inmunidad adquirida se va desarrollando con el tiempo, conforme el cuerpo se va enfrentando a los diferentes microorganismos. Los anticuerpos se oponen y luchan contra los organismos intrusos y, para dejar constancia de este combate se forman los glóbulos blancos correspondientes que desempeñan una función de guardianes.

BARRERAS CONTRA LA INFECCIÓN

El cuerpo humano se protege de los diferentes microorganismos con sus barreras físicas, como la piel, y químicas, como los enzimas.

La saliva

Los enzimas de la saliva destruyen los microorganismos tan pronto entran en la boca.

Las vías respiratorias

Las mucosidades segregadas por las membranas detienen a los microbios y se expulsan con la tos.

El estómago y los intestinos

Los ácidos del estómago destruyen la mayoría de los microorganismos, mientras que las bacterias intestinales eliminan a los restantes.

El aparato urogenital

Las bacterias destruyen la mayoría de microbios dentro de la uretra. En las mujeres, la vagina tiene una protección especial gracias a su membrana mucosa.

Las lágrimas

Los microorganismos que se introducen en el ojo se eliminan inmediatamente con las lágrimas, y otros se destruyen por la acción de un enzima de las mismas.

La nariz

Los microorganismos que se encuentran en el aire y el polvo se retienen con ayuda del fino vello de las fosas nasales, y se destruyen por la secreción nasal o se expulsan con el estornudo.

CÓMO SE DEFIENDEN LAS CÉLULAS

Los microorganismos que logran penetrar en el sistema inmunitario innato e intentan invadir al organismo son atacados por los glóbulos blancos del sistema inmunitario.

Los fagocitos *se dirigen al punto de infección donde «devoran» a las bacterias. Los fagocitos muertos forman el pus.*

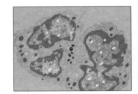

Las células Killer-T *se multiplican con mucha rapidez para combatir infecciones y tumores; son un tipo de linfocitos-T.*

Los linfocitos B *de la corriente sanguínea y los nódulos linfáticos producen anticuerpos.*

Después de una infección *los linfocitos B producen glóbulos de memoria B que forman anticuerpos contra un virus.*

INMUNIZACIÓN

Algunas enfermedades infecciosas pueden evitarse gracias a las vacunas, las cuales se preparan a base de microorganismos muertos o modificados, y que ya no provocan la enfermedad sino que estimulan al organismo a formar los anticuerpos contra ella. Gracias a la inmunización se ha logrado erradicar enfermedades tales como la viruela.

MEJORA TU SISTEMA INMUNITARIO

• Come una dieta equilibrada rica en vitaminas.
• Practica ejercicio físico con regularidad, aunque sin exageración.
• Intenta no sufrir estrés físico o psíquico crónico.
• Evita las bebidas alcohólicas y el tabaco.

La piel
La piel forma una barrera sólida contra los microbios. El sebo, una grasa producida por las glándulas sebáceas, es ácido y tóxico para muchas bacterias. También las glándulas sudoríparas segregan sustancias antimicrobianas.

LOS ÓRGANOS DEL SISTEMA INMUNITARIO

El sistema inmunitario está formado por la médula ósea, el timo, los nódulos linfáticos y otros tejidos linfoideos, los vasos sanguíneos, el bazo y los vasos linfáticos.

Los vasos sanguíneos *conducen a los glóbulos blancos y a los anticuerpos por todo el organismo.*

El timo, *situado detrás del esternón, produce los glóbulos blancos que, una vez maduros, se convierten en linfocitos T para proteger al organismo contra todos los virus invasores.*

La médula ósea *produce glóbulos blancos para combatir los organismos intrusos.*

Los nódulos linfáticos *producen linfocitos B, un tipo de glóbulo blanco encargado de producir anticuerpos.*

Los vasos linfáticos *transportan las partículas de los organismos infectados de todo el cuerpo a los nódulos linfáticos, donde se desintegran.*

En el bazo *se destruyen todos los organismos infecciosos que circulan por la sangre.*

ÓRGANOS DE REPRODUCCIÓN FEMENINOS

L OS ÓRGANOS DE REPRODUCCIÓN FEMENINOS son los ovarios, las trompas de Falopio, el útero, la vagina y la vulva. Los ovarios, del tamaño de una almendra, contienen miles de óvulos y están situados a ambos lados del útero. Al lado de cada ovario se encuentra la apertura a la trompa de Falopio. Inmediatamente después de haber madurado, el óvulo entra en las trompas de Falopio. Éstas poseen una fina pared muscular y un canal central del grosor de una aguja fina de coser, de 10 cm de largo. El útero es un órgano fuerte, resistente y flexible que se expande durante el embarazo.

El cérvix se extiende desde el útero a la vagina. Las secreciones ligeramente ácidas se encargan de mantener la vagina limpia y húmeda y de reducir el peligro de infección. La cantidad de secreciones depende de la edad de la mujer y del momento en que se encuentre de su ciclo menstrual, y disminuyen después de la menopausia.

CUIDADOS RUTINARIOS PARA TUS ÓRGANOS DE REPRODUCCIÓN

• Anota las fechas de tus menstruaciones para determinar cuáles son tus períodos normales.

• Después de una evacuación, límpiate bien —de adelante hacia atrás— con objeto de evitar infecciones.

• Si debes hacerte una radiografía protege tus ovarios con una placa especial para no exponerlos innecesariamente.

• Si mantienes relaciones sexuales con regularidad, hazte la prueba Papanicolau por lo menos una vez cada tres años.

• Consulta a tu médico en caso de que la pérdida de sangre durante la menstruación sea excesiva o irregular; si sangras entre períodos o después del acto sexual; si sufres de inflamación; o si sientes dolor abdominal o en la pelvis durante la práctica del acto sexual.

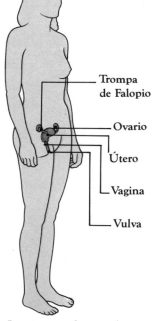

Trompa de Falopio

Ovario

Útero

Vagina

Vulva

Los órganos de reproducción *se encuentran en la parte inferior del abdomen. Cada uno de los dos ovarios se encuentran cerca de la apertura de las trompas de Falopio, cuyos otros extremos se encuentran unidos al útero. La vagina se extiende entre el útero y la vulva.*

LA MADURACIÓN DE LOS ÓVULOS

Durante la edad fértil de la mujer, desde el inicio de la menstruación hasta la menopausia, las hormonas, el estrógeno y la progesterona, provocan la maduración de un óvulo cada mes, en uno de ambos ovarios. Éste se va trasladando paulatinamente por la trompa de Falopio hacia el útero. Si es fecundado por un espermatozoide, inmediatamente inicia su división y se anida en la pared del útero: el inicio de un embarazo. En cambio, los óvulos no fecundados, junto con una membrana suave aunque espesa del útero, se expulsan al final de cada ciclo. En esto consiste la menstruación, que ocurre una vez al mes durante la edad fértil de la mujer.

Trompa de Falopio

Ovario

Óvulo

Útero

Cérvix

El útero

El útero es una bolsa muscular flexible. Sus paredes están revestidas de suaves tejidos gruesos que se van renovando cada mes, o bien sirven para albergar al óvulo fertilizado. Tiene forma de pera aunque durante el embarazo se va ensanchando en función del crecimiento del feto.

Los ovarios

Los ovarios son los productores de los óvulos y de las hormonas sexuales. Se encuentran a ambos lados del útero, justo debajo de las aperturas de las trompas de Falopio. Cada ovario posee numerosos folículos donde se desarrollan los óvulos. Durante la edad fértil de la mujer, cada mes madura un óvulo en uno de los dos ovarios.

Las trompas de Falopio

Estos dos tubos se extienden entre los ovarios y el útero, y tienen una longitud de 10 cm. Su extremo, en la parte del útero, es extremadamente fino, mientras que el otro extremo, cerca del ovario, tiene forma de un embudo (infundibuliforme).

El cérvix

El cérvix, de consistencia suave y redonda, es la parte inferior de útero que se extiende hasta la vagina. Un canal pequeño y estrecho, el os, situado en su interior, sirve de conexión entre la cavidad del útero y la vagina, a través de la cual se expulsa la sangre de la menstruación. En el momento de iniciar el parto, el os se dilata y ensancha para dar paso al bebé.

La uretra

Este conducto se extiende desde la vejiga hasta la parte exterior del cuerpo para expulsar la orina. En las mujeres tiene una longitud de 2,5 a 4 cm.

LA VULVA

Los genitales externos de la mujer son extremadamente sensibles al tacto. Los labios exteriores sirven para proteger al clítoris, al aparato urinario y a la vagina. En las chicas jóvenes, la entrada a la vagina está parcialmente cubierta por una fina capa de piel: el himen.

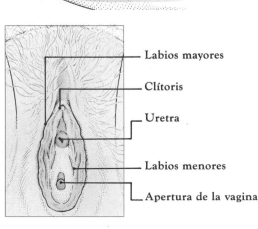

Labios mayores

Clítoris

Uretra

Labios menores

Apertura de la vagina

La vagina

La vagina, de 10 cm de largo, se extiende desde el útero hasta la parte externa del cuerpo. Segrega un líquido para mantenerse limpia y húmeda. Su entrada se encuentra detrás de la uretra y delante del ano.

El Aparato Reproductor Masculino

La próstata
La glándula prostática, que produce unas secreciones que se añaden al semen durante la eyaculación, se encuentra situada encima del extremo superior de la uretra. Es la glándula más grande del aparato reproductor masculino.

Vejiga

Uretra
Este tubo, que en los hombres tiene una longitud de 25 cm, se extiende desde la vejiga, a lo largo del pene, hasta el exterior. Para orinar y para eyacular se presenta una determinada actividad muscular, la cual impide que la orina y el semen se expulsen de forma simultánea.

Pene
El pene, compuesto de un tejido esponjoso, tiene una complicada red de vasos sanguíneos controlada por los nervios de la espina dorsal. El endurecimiento y el aumento de tamaño que se producen en el pene en el momento de la excitación sexual se conoce como erección. Los tejidos esponjosos se llenan de sangre y los músculos en la base del pene se contraen para evitar el retorno de la sangre y, así, mantener el estado de erección.

Vasos deferentes
Los espermatozoides pasan por estos tubos antes de la eyaculación.

Vesículas seminales
Estas pequeñas bolsas recogen a los espermatozoides que van llegando a través de los vas deferens para añadirles el líquido seminal y producir el semen.

Base del pene

Eje del pene

Epidídimo
En estos tubos que poseen forma de espiral, situados detrás de los testículos, maduran los espermatozoides, que se almacenan aquí hasta la eyaculación.

Los testículos
Los testículos son glándulas oviformes situadas dentro de una bolsa denominada escroto. Aquí se producen los espermatozoides y la hormona masculina, la testosterona. Cada testículo está provisto de un epidídimo.

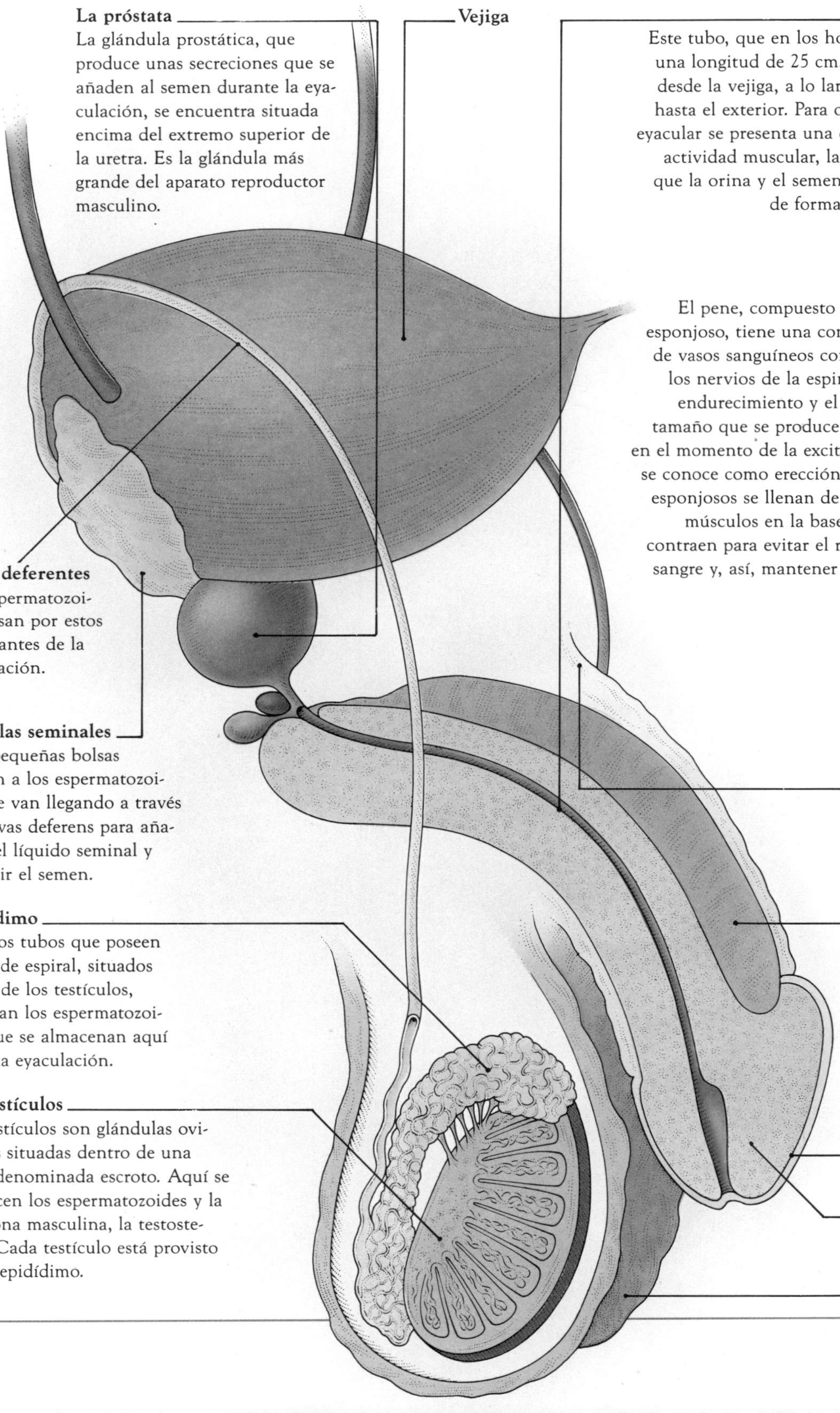

Cabeza del pene

Glande

Escroto

LA CIRCUNCISIÓN

A través de una pequeña intervención quirúrgica se puede cortar la membrana que cubre el extremo del pene, bien por motivos religiosos o por causas de higiene (evita la acumulación de secreciones). La operación también se realiza en aquellos casos en los que esta membrana se encuentra demasiado ajustada o si se inflama y causa molestias frecuentes.

LOS ÓRGANOS DE REPRODUCCIÓN MASCULINOS son: el pene y los testículos. Dentro de cada uno de los testículos se encuentra la glándula testicular y un tubo largo, el epidídimo. Cada una de las glándulas testiculares produce espermatozoides de forma constante que después pasan al epidídimo, donde se almacenan. El proceso de maduración tarda entre dos o tres semanas. Poco antes de la eyaculación, los espermatozoides, impulsados desde el epidídimo, atraviesan un tubo largo denominado vaso deferente y llegan a las vesículas seminales, lugar donde se produce el líquido seminal que se mezcla con los espermatozoides para formar el semen.

Durante la excitación sexual, el tejido exponjoso del pene se llena de sangre originando su erección. Durante el orgasmo, el semen atraviesa los conductos que pasan por la glándula de la próstata hasta la uretra, para salir desde aquí a través del pene. El promedio de semen eyaculado es de 3 a 6 ml.

Los órganos sexuales

Los órganos sexuales masculinos están formados por los órganos de la parte visible, en el exterior, y otros en el interior, como la próstata, la uretra, el vas deferens y las vesículas seminales.

LOS ESPERMATOZOIDES Y LA FERTILIDAD

Cada espermatozoide consiste en una pequeña partícula dotada de una cola en forma de aspa, la cual lo va impulsando, y una cabeza que contiene el material genético. Su longitud total es de 0,05 mm. Un milímetro de semen eyaculado contiene cientos de millones de espermatozoides. El semen puede ser analizado para obtener una información exacta sobre la fertilidad, contando la cantidad de espermatozoides y su movilidad.

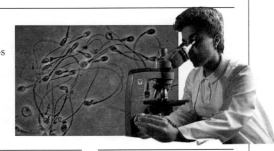

AUTOEXAMEN

Los hombres cuya edad sea inferior a los 40 años deberían examinar sus testículos por lo menos una vez al mes. El cáncer de testículo es uno de los más frecuentes entre los hombres jóvenes aunque, detectado a tiempo, presenta una posibilidad de curación de un 90 %. Analiza tus testículos moviéndolos entre los pulgares y los dedos. Consulta a tu médico tan pronto detectes un bulto o cualquier anomalía, una alteración de los tejidos, hinchazón o ulceraciones en el escroto. No te confundas con el epidídimo.

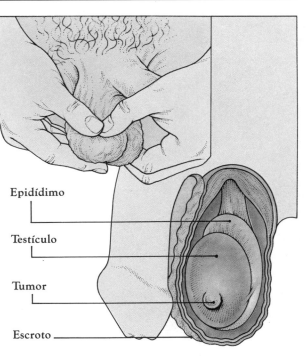

Epidídimo

Testículo

Tumor

Escroto

CUIDADOS RUTINARIOS

Tú mismo puedes tomar algunas medidas sencillas para mantener tus genitales sanos y sin problemas.

• Retira la membrana que cubre el extremo del pene y límpialo bien por debajo ya que puede constituir un foco de infección.

• El dolor durante el acto sexual, la irritación, las erupciones o algún bulto en tus genitales pueden ser síntomas de enfermedades transmitidas sexualmente. Consulta a tu médico inmediatamente.

EL OJO

Protección ocular

La membrana conjuntiva protege a la parte interior de los párpados y a la zona exterior del ojo, hasta la córnea, segregando un líquido lubricante para nutrirla y limpiarla. También las lágrimas producidas por las glándulas lagrimales intervienen en el proceso de higiene ocular. Normalmente se eliminan por la nariz pero, cuando se producen en exceso, salen directamente del ojo.

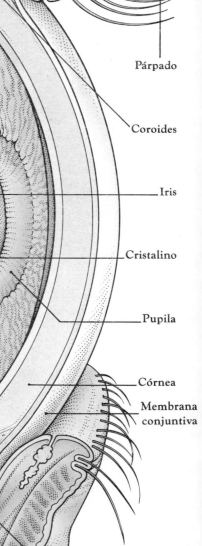

Párpado

Coroides

Iris

Cristalino

Pupila

Córnea

Membrana conjuntiva

Músculos ciliares

LA VISTA

1 La córnea es transparente y cubre la parte anterior del ojo. Detrás de ella se encuentra el iris, en cuyo centro está situada la pupila. Los pequeños músculos en el iris varían el tamaño de la pupila.

2 El cristalino, detrás del iris, proporciona al ojo la capacidad de enfocar un objeto. Se encuentra dentro de un anillo muscular redondo, el músculo ciliar que, al contraerse, altera la configuración del cristalino para conseguir un enfoque correcto.

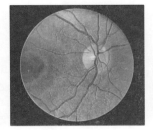

Vista de la retina

3 La imagen enfocada llega a la retina, en la parte posterior del ojo, formada por un tejido nervioso que recibe oxígeno y glucosa por los vasos sanguíneos de la coroides.

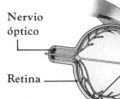

Nervio óptico

Retina

Cristalino

4 El nervio óptico transmite los impulsos eléctricos desde los nervios de la retina, al córtex visual en el cerebro donde se traducen en la imagen que vemos.

EL OJO ES EL ÓRGANO DE LA VISTA. Transforma los haces luminosos en una imagen de impulsos nerviosos que se transmiten al cerebro para su interpretación. Ambos ojos trabajan conjuntamente para que el cerebro reciba una imagen tridimensional del mundo exterior.

Para procesar estas imágenes existen dos sistemas muy diferentes que colaboran estrechamente. El primero es un sistema óptico compuesto por la córnea, en la parte anterior del ojo, y el cristalino interno; este sistema transtransmite la luz de los objetos a la retina, que se encuentra en la parte posterior del interior del ojo.

El segundo es el sistema neurológico. Los nervios transmiten una gran cantidad de información desde la retina, a lo largo del nervio óptico, hasta la región occipital del cerebro, donde esta información se traduce, coordina y procesa para que seamos capaces de percibir visualmente el mundo exterior.

La parte externa del ojo
El ojo es como una pequeña y delicada bola protegida por una estructura ósea. En la parte frontal del globo ocular se puede apreciar el área blanca del ojo (esclerótica), la de color (iris), y el centro oscuro (pupila).

PROTEGE TUS OJOS

Los ojos se encuentran bien protegidos por los huesos de la órbita del cráneo, los párpados, las pestañas y las lágrimas que los van limpiando constantemente. No obstante, se trata de unos órganos muy delicados, los cuales debes cuidar con una gran suavidad. Utiliza siempre gafas protectoras cuando nades en piscinas con agua clorada, cuando trabajes con productos químicos peligrosos, con maquinaria o herramientas de gran potencia e incluso cuando realices trabajos de desinsectación en tu jardín. Trata de no frotarte los ojos con las manos ya que, de este modo, transmitirías fácilmente la infección de tus manos a tus ojos.

La aplicación del colirio ocular
Para que el colirio realmente produzca el efecto deseado debe aplicarse correctamente. Debes dejar caer las gotas mientras oprimes el lagrimal, en el ángulo interior de tu ojo, evitando así que las gotas se introduzcan en los conductos lagrimales. Permanece unos segundos con el dedo sobre el lagrimal, ejerciendo una ligera presión.

EL OÍDO

Escucha con atención
Cuando lleves cascos no pongas el volumen al máximo de su potencia. El exceso de ruido es perjudicial para tus oídos.

E L SONIDO SE DESPLAZA por el aire, en forma de ondas sonoras, las cuales alcanzan la parte externa del oído, entran por el pabellón y el conducto auditivo para llegar al oído interno, en primer lugar al tímpano, el cual, al recibirlas, empieza a vibrar. Los tres huesecillos intercomunicados entre sí, en el oído medio (el martillo, el estribo y el yunque), transmiten estas vibraciones al oído interno, hasta que llegan al caracol, el cual está provisto de minúsculas vellosidades sensoras que, a su vez, vibran de acuerdo a las ondas. El movimiento de cada uno de ellos origina un impulso nervioso que se transmite al cerebro a través del nervio auditivo. A continuación, el cerebro procesa estas señales recibidas comparándolas con sonidos escuchados anteriormente y que se encuentran archivados en tu memoria. De este modo, eres capaz de identificar algún sonido que ya habías escuchado con anterioridad.

NIVELES DE RUIDO

Para medir el sonido se utiliza la tabla de decibelios (dB). El punto más bajo es de 0 dB, nivel que el oído humano no es capaz de escuchar. Los ruidos pueden incluso llegar a causar dolor y dañar al oído cuando alcanzan los 130 dB. Por otra parte, es posible tolerar una intensidad de 90 dB durante un período de dos horas, a partir de lo cual llega a ser perjudicial. Si trabajas cerca de un lugar muy ruidoso, como una fábrica con maquinaria pesada o un aeropuerto, deberías usar una protección especial.

La barrera del sonido
El oído es capaz de percibir muchos niveles diferentes de sonidos. El tic-tac de un reloj cerca del oído alcanza un nivel de 30 dB; un «walkman» (cascos), unos 80 dB de promedio; y un avión, más de 130 dB.

| dB | 30 | 80 | 130 |

El oído externo
El oído externo está formado por el pabellón y el conducto auditivo externo.

Conducto auditivo externo

Pabellón

Lóbulo de la oreja

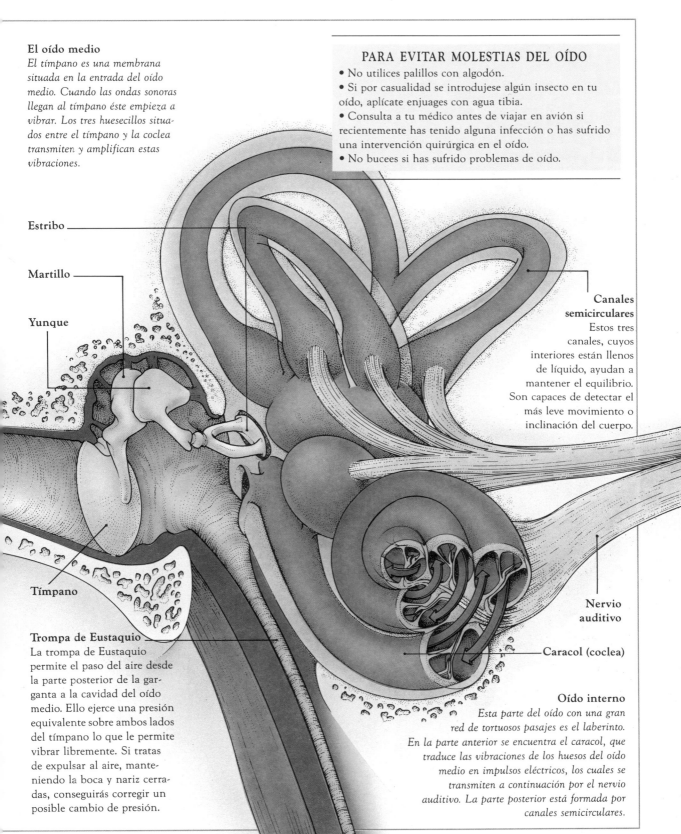

El oído medio

El tímpano es una membrana situada en la entrada del oído medio. Cuando las ondas sonoras llegan al tímpano éste empieza a vibrar. Los tres huesecillos situados entre el tímpano y la coclea transmiten y amplifican estas vibraciones.

PARA EVITAR MOLESTIAS DEL OÍDO

• No utilices palillos con algodón.
• Si por casualidad se introdujese algún insecto en tu oído, aplícate enjuages con agua tibia.
• Consulta a tu médico antes de viajar en avión si recientemente has tenido alguna infección o has sufrido una intervención quirúrgica en el oído.
• No bucees si has sufrido problemas de oído.

Estribo

Martillo

Yunque

Canales semicirculares
Estos tres canales, cuyos interiores están llenos de líquido, ayudan a mantener el equilibrio. Son capaces de detectar el más leve movimiento o inclinación del cuerpo.

Tímpano

Nervio auditivo

Caracol (coclea)

Trompa de Eustaquio
La trompa de Eustaquio permite el paso del aire desde la parte posterior de la garganta a la cavidad del oído medio. Ello ejerce una presión equivalente sobre ambos lados del tímpano lo que le permite vibrar libremente. Si tratas de expulsar al aire, manteniendo la boca y nariz cerradas, conseguirás corregir un posible cambio de presión.

Oído interno
Esta parte del oído con una gran red de tortuosos pasajes es el laberinto. En la parte anterior se encuentra el caracol, que traduce las vibraciones de los huesos del oído medio en impulsos eléctricos, los cuales se transmiten a continuación por el nervio auditivo. La parte posterior está formada por canales semicirculares.

231

LOS CINCO SENTIDOS

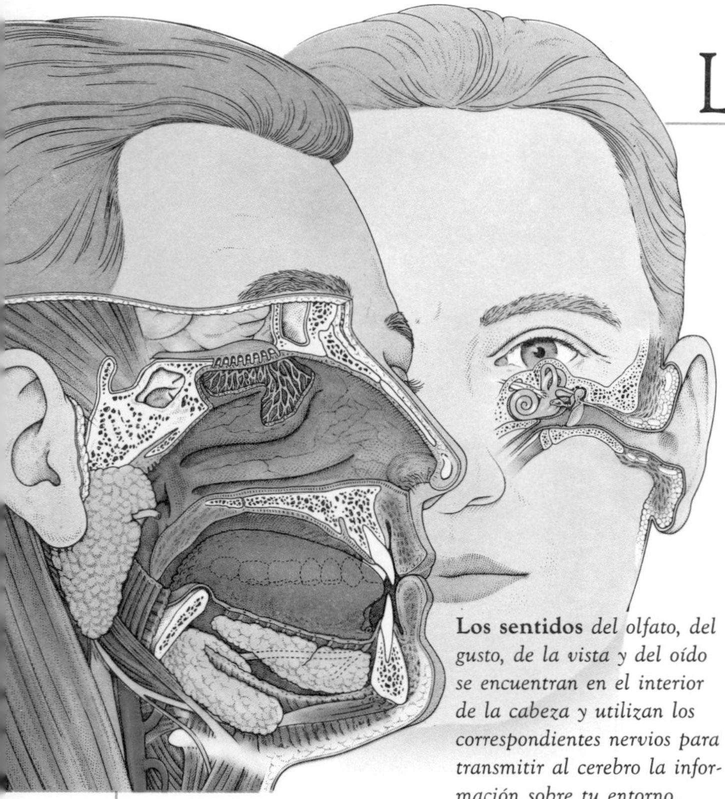

Cada uno de tus sentidos te facilita una determinada información sobre los diferentes aspectos de tu entorno. Los sistemas específicamente desarrollados de tus ojos, tus oídos, tu nariz, tu lengua y tu piel traducen la información sensorial recibida en señales eléctricas, las cuales se transmiten al cerebro a través del sistema nervioso. El propio cerebro los interpreta y procesa la información. De este modo, eres capaz de ver, oír, oler, saborear y sentir.

Aunque cada uno de los sentidos funciona independientemente, estos también pueden trabajar juntos, complementándose mútuamente. Por ejemplo, el sentido del olfato y del gusto están estrechamente unidos. En realidad, la lengua sólo es capaz de diferenciar cuatro sabores, dulce, ácido, amargo y salado. En cambio, la nariz puede distinguir miles de olores diferentes. Los diferentes aromas de la comida pasan por la parte posterior de la garganta y entran a la nariz; son ellos los que determinan el sabor de la comida. Por este motivo, las personas que sufren un resfriado de nariz no son capaces de apreciar el sabor de los alimentos.

Los sentidos *del olfato, del gusto, de la vista y del oído se encuentran en el interior de la cabeza y utilizan los correspondientes nervios para transmitir al cerebro la información sobre tu entorno.*

LA VISTA

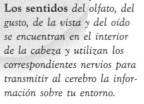

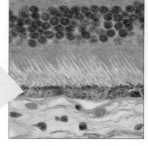

Corte transversal de la retina
La retina contiene dos tipos de receptores sensoriales: barras y conos, que traducen la luz en impulsos nerviosos. Las barras te permiten ver en blanco y negro y los conos, en color.

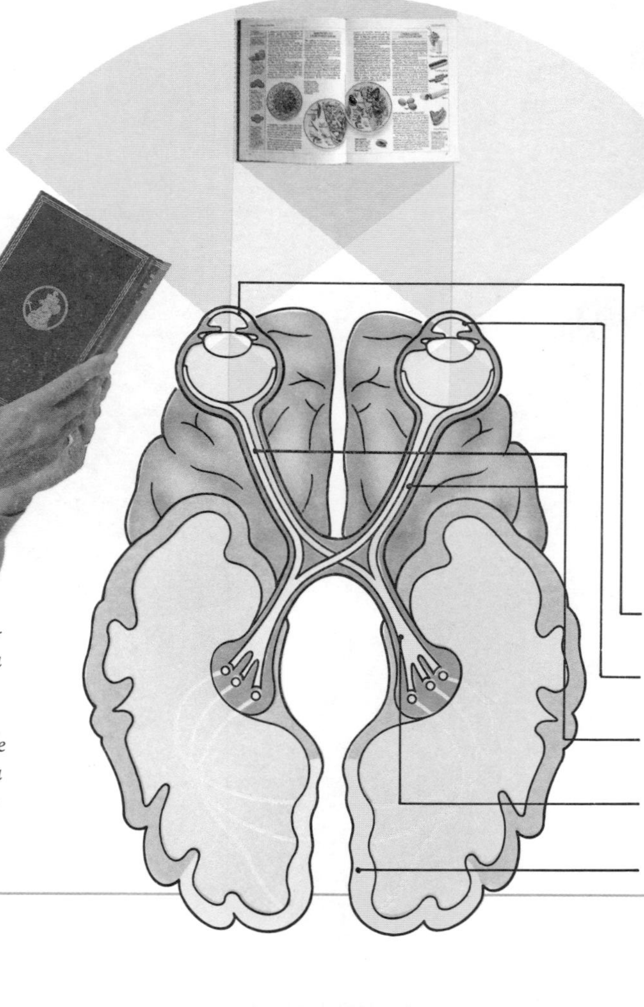

Vista inferior del cerebro

Ojo derecho

Ojo izquierdo

Nervio óptico

Sistema óptico

Córtex visual

La visión estereoscópica
Los dos ojos trabajan conjuntamente para transmitir una sola imagen al cerebro. Cada uno de los ojos tiene una visión ligeramente diferente al otro, de modo que cuando se procesa la información, el cerebro proporciona una visión tridimensional.

EL GUSTO

Las sustancias químicas de los alimentos y de las bebidas se disuelven en la boca con la saliva, penetrando por los poros de la lengua, la cual distingue entre cuatro sabores: dulce, ácido, amargo y salado. Esta información, conjuntamente con la de la nariz, se combina en el cerebro y permite experimentar el gusto.

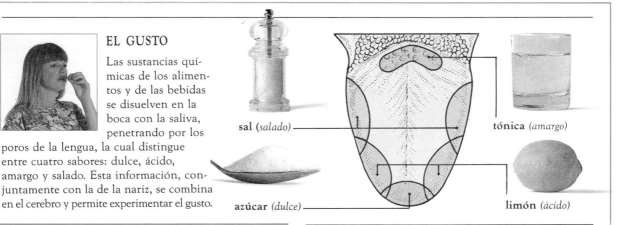

sal (*salado*)

azúcar (*dulce*)

tónica (*amargo*)

limón (*ácido*)

EL TACTO

Miles de células nerviosas sensoriales situadas debajo de la superficie de la piel responden a los estímulos externos. Son sensibles al tacto, al dolor, al calor, al frío y a la presión. Las sensaciones de cada parte del cuerpo se transmiten a diferentes áreas del córtex cerebral. Las partes más sensibles del cuerpo humano son los labios y las manos, que ocupan una extensión mayor del córtex cerebral.

EL OLFATO

En el interior de las fosas nasales, el aire pasa por unos extremos nerviosos muy sensibles similares a finas vellosidades, que son estimulados por el aire que se inhala. Esta información se transmite al bulbo olfatorio que, a su vez, vía el nervio olfatorio, la envía al cerebro para su interpretación. En caso de resfriado, el sentido del olfato puede perderse temporalmente, sobre todo cuando afecta a la nariz.

Bulbo olfatorio

Nervio olfatorio

EL OÍDO

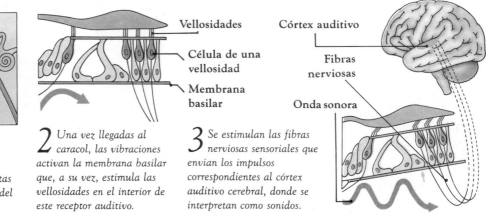

Vellosidades

Célula de una vellosidad

Membrana basilar

Córtex auditivo

Fibras nerviosas

Onda sonora

1 Las ondas sonoras entran al pabellón auditivo originando la vibración del tímpano. Estas vibraciones se transmiten del oído medio al caracol.

2 Una vez llegadas al caracol, las vibraciones activan la membrana basilar que, a su vez, estimula las vellosidades en el interior de este receptor auditivo.

3 Se estimulan las fibras nerviosas sensoriales que envían los impulsos correspondientes al córtex auditivo cerebral, donde se interpretan como sonidos.

LA TRANSFORMACIÓN DEL CUERPO

DESDE LA CONCEPCIÓN HASTA EL NACIMIENTO

El período entre la concepción y el nacimiento incluye una maravillosa e increíble secuencia de transformaciones. Una sola célula se divide y multiplica hasta formar un minúsculo embrión; primero se desarrolla el cerebro, a continuación, la espina dorsal y el sistema nervioso y, posteriormente, los brazos y las piernas. Después de nueve meses, el feto está preparado para nacer.

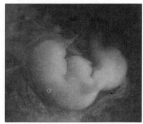

Las primeras horas
El óvulo fecundado inicia su división justo dos o tres horas después de su fecundación. Primero se divide en dos, después en cuatro; después de tres días ya se habrá dividido en 32 células. Una semana después, se anida en el útero.

Un mes
Después de 28 días se han formado la mayoría de los órganos: incluso el pequeño corazón ya está latiendo; el embrión, que tiene una longitud de 5 mm, ya posee cerebro, una espina dorsal y un sistema nervioso.

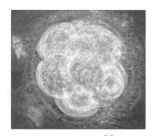

Tres meses
El embrión, que mide ahora 4 cm, parece un ser humano. En esta etapa se ha producido la diferenciación sexual. Los ojos se encuentran situados a ambos lados de la cabeza y se pueden distinguir sus dedos.

Cinco meses
Después de cinco meses se han desarrollado la nariz, la boca y los ojos. El feto mide ahora unos 25 cm; es capaz de cerrar su mano en un puño, se mueve y estira las piernas y los brazos.

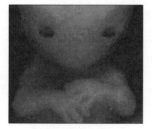

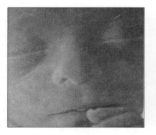

El nacimiento
Después de aproximadamente 266 días, el bebé ya se encuentra perfectamente desarrollado. Unos cuantos minutos después del nacimiento es capaz de ver colores y luces, sentir el contacto sobre su piel, y succionar el pecho.

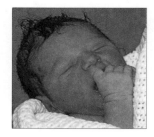

EL CUERPO HUMANO no es una unidad estática que permanezca inalterada durante toda la vida. Desde el instante de la concepción, las células se van multiplicando y dividiendo constantemente. Durante algunos períodos de tiempo, como la infancia y el embarazo, las transformaciones son muy rápidas. En cambio, durante otras etapas, la edad adulta por ejemplo, los cambios son casi imperceptibles.

No obstante, la actividad celular continua, tanto para la regeneración y reparación de los diferentes tejidos, como para el crecimiento de los huesos, las uñas, el pelo y los músculos. Con el paso del tiempo, se observan los primeros síntomas del envejecimiento físico.

Embarazo
Las transformaciones más rápidas del organismo humano tienen lugar durante el desarrollo de un feto. También el cuerpo de la madre cambia, ya que aumenta el peso, el volumen de la pelvis y el pecho. Durante las 40 semanas de embarazo es vital que consultes al médico regularmente y que te alimentes con una dieta sana y equilibrada para garantizar un buen estado de salud para ti misma y tu futuro hijo.

La infancia y la adolescencia
Durante el primer año de vida, el bebé triplica su peso de nacimiento. En las dos décadas siguientes el niño sigue creciendo.

DESDE LA INFANCIA HASTA LA VEJEZ

2 años
A los dos años de edad termina el crecimiento acelerado.

9 años
Entre la infancia y la pubertad, el crecimiento es lento aunque constante.

Durante los primeros tres meses se forman los órganos más importantes del feto.

Los huesos son un tejido vivo en constante crecimiento y renovación.

Desde el nacimiento, los ovarios contienen decenas de miles de óvulos inmaduros. Durante los años fértiles de la mujer, cada ovario expulsará unos 200 óvulos maduros.

Algunas células solamente tienen unas cuantas horas de vida, mientras que otras duran toda la vida.

Una persona de 60 años, en buen estado de salud, tiene el 80 % de la fuerza y la resistencia de un joven promedio de 20 años.

Cuando el crecimiento finaliza los cartílagos se fusionan con el eje del hueso. Simultáneamente al crecimiento en estatura, se realizan otros cambios proporcionales en el tronco y las extremidades, y menos en la cabeza, ya que está ya ha alcanzado tres cuartas partes de su tamaño adulto en el momento del nacimiento.

La edad adulta y la vejez

Entre los 20 y los 50 años, el aspecto exterior del cuerpo no cambia demasiado. No obstante, con la llegada de la menopausia, en las mujeres, y los cambios físicos tanto en los hombres como en las mujeres conforme avanza su edad, ocurren una serie de transformaciones rápidas originadas primordialmente por la progresiva pérdida del tejido elástico del cuerpo, se presentan las primeras arrugas y se acusa una falta de flexibilidad, sobre todo en las articulaciones. Sin embargo, aún queda por disfrutar una tercera parte de la vida. Una buena dieta, unos chequeos médicos regulares y una buena actividad mental y física pueden contribuir a vivir esta etapa con plenitud.

VIGILA LA SALUD DE TU FAMILIA

Registro de datos

• Acude puntualmente a todas las revisiones prenatales cuando te encuentres embarazada.

• Verifica también tu propio peso. Aunque una gran proporción de adultos tienen exceso de peso, la pérdida del mismo sin motivo aparente indica la presencia de trastornos.

• Después de los 40 años, acude al oculista cada dos años.

16 años
La pubertad es un período de crecimiento y desarrollo rápido que continúa hasta alcanzar la estatura de adulto.

30 años
Entre los 20 y los 50 años se registran muy pocos cambios externos: el peso debe mantenerse constante.

50 años
Después de los 50 años se acusan los primeros síntomas de envejecimiento, por ejemplo, más arrugas en la piel y un pelo canoso.

LA ADOLESCENCIA

CONSEJOS PARA LA SALUD

- No empieces a fumar. El 85 % de los que inician este vicio durante la adolescencia se convierten en adictos.
- Vigila el consumo de bebidas alcohólicas.
- Algunas drogas crean adicción, aunque todas ellas son ilegales. Rehúsa a consumir cualquier tipo de droga.
- Si no tienes edad suficiente para iniciar tu vida sexual no permitas que tus amigos te presionen. Si mantienes relaciones sexuales usa condones para protegerte contra el SIDA y otras enfermedades de transmisión sexual.

LA ADOLESCENCIA ES EL período de tiempo durante el cual se desarrolla el chico o la chica para convertirse en un hombre o una mujer. Es un tiempo de rápida transformación, tanto física como emocional, de modo que, con frecuencia, se trata de un período lleno de problemas y contradicciones. Los cambios físicos que ocurren durante la adolescencia se denominan pubertad. Normalmente las chicas la inician antes que los chicos, entre los 10 y los 12 años, mientras que ellos inician los cambios entre los 12 y los 14 años.

La pubertad empieza con la producción de hormonas de la glándula pituitaria que avisan al organismo de iniciar el proceso de transformar el cuerpo infantil en adulto. Unos dos años más tarde, los chicos notan los efectos del cambio. En las chicas se perciben esos cambios físicos antes de la primera menstruación.

Sin embargo, muchas veces los cambios emocionales tardan más en producirse. El hecho de independizarse de los padres y de convertirse en un adulto puede resultar ser un proceso difícil.

CONSEJOS PARA LOS PADRES

- Escucha a tus hijos.
- Comenta abiertamente las cuestiones sexuales.
- No te agobies por sus respectivos argumentos.
- Habla con tu hijo sobre sus sentimientos, sus ansiedades y depresiones: puede resultar de una gran ayuda para él.
- Trata de establecer compromisos.

LA ADOLESCENTE

Alrededor de los 9 años, *la glándula pituitaria empieza a segregar hormonas que inician los cambios de la pubertad.*

Alrededor de los 11 años, *las chicas empiezan a crecer más rápidamente y a aumentar de peso. Se desarrollan las glándulas mamarias.*

Aproximadamente a los 14 años, *la mayoría de las chicas ya tiene la menstruación. Crece el vello de las axilas. Las glándulas sudoríparas en las axilas, la ingle y alrededor de los pezones, comienzan a ser activas.*

Aproximadamente a los 17 años, *aumentan los depósitos de grasa en las caderas y en la parte superior de los muslos. También se ensanchan las caderas. A esta edad, la menstruación suele ser regular.*

La primera señal de la pubertad suele ser el crecimiento del pecho y de los pezones; más tarde comienza el crecimiento del vello axilar y púbico. Se inicia la menstruación y, con ella, un crecimiento acelerado —muchas chicas alcanzan su estatura definitiva a la edad de 16 años. El 95 % de las mujeres tiene su primer período antes de cumplir los 15 años. Consulta a tu médico si a los 16 años aún no tienes la menstruación. Los primeros períodos suelen ser irregulares y de duración variada, aunque no son dolorosos. Recuerda que puedes quedarte embarazada tan pronto hayas tenido la primera menstruación.

LA LUCHA CONTRA EL ACNÉ

Muchos adolescentes sufren granos en la piel debido a la existencia de un elevado nivel de hormonas andrógenas durante la pubertad. Estos granos se forman cuando se inflama el folículo piloso y las glándulas sebáceas, aunque se puede controlar mediante una higiene adecuada, lavándose la cara cuidadosamente y aplicándose peróxido benzoilo. Consulta a tu dermatólogo.

Una cara limpia
Los lavados con agua y jabón eliminan toda la grasa superflua y previenen la formación de granos. Si sufres acné, intenta curarlo con una pomada a base de peróxido benzoilo.

Inflamación

Grano lleno de pus

Sebo

Glándula sebácea

Folículo piloso

Superficie cutánea

La formación de un grano
Cuando un folículo está bloqueado por el sebo (sustancia aceitosa segregada por las glándulas sebáceas), las bacterias quedan encerradas y se multiplican. El folículo enrojece, se inflama y, algunas veces, se llena de pus.

NOTA IMPORTANTE

Observa bien el comportamiento de tus hijos y trata de averiguar el motivo de su preocupación. Es normal que sufran breves períodos de depresión; aunque estos no deben ser prolongados. También es posible que padezcan algunos trastornos relacionados con su alimentación. Entre los síntomas del consumo de drogas figuran los siguientes: párpados pesados, alimentación irregular, lenguaje confuso o ininteligible, temblores, alternancia de períodos de somnolencia e hiperactividad y cambios bruscos de humor.

EL ADOLESCENTE

Alrededor de los 10 años, *la glándula pituitaria comienza a segregar hormonas para transformar el cuerpo del niño.*

Alrededor de los 12 años, *empieza el crecimiento del vello púbico y los testículos.*

Aproximadamente a los 14 años, *los niños crecen tanto en estatura como en peso, se ensanchan sus hombros y el tórax. La nuez de la garganta se hace más visible y cambia la voz.*

Aproximadamente a los 17 años, *la transformación casi ha finalizado. La piel del escroto se oscurece, el pene crece en longitud y el vello en las axilas y en el pubis se hace más espeso y grueso; la mayoría de los jóvenes empiezan a afeitarse.*

La edad exacta en la que termina la pubertad es variable. A veces a los 13 años el niño empieza a crecer con mayor rapidez pero, generalmente, esto no ocurre hasta los 15. El crecimiento sigue hasta los 18 años, pero los huesos siguen ensanchándose hasta los 20. También la madurez sexual varía. En algunos casos, los genitales terminan de desarrollarse a los 14 años, mientras que, en otros niños de la misma edad, siguen siendo completamente infantiles.

El Ciclo Menstrual

LA MENSTRUACIÓN ES LA hemorragia mensual que sufren las mujeres en edad fértil. Normalmente la menstruación se inicia entre los 9 y los 16 años, y continúa hasta la menopausia, a los 50. Todo este proceso es regulado por la compleja interacción de las hormonas.

Durante la menstruación, más comúnmente conocida como período o regla, la membrana del útero (el endometrio) se expulsa a través del cérvix hasta la vagina. Un período o regla dura unos cinco días y se pierden pequeñas cantidades de sangre, además de otros líquidos y mucosidades. El útero también produce una sustancia anticoagulante para que la sangre mantenga su liquidez. Si pierdes demasiada sangre o detectas coágulos, consulta a tu médico.

Control de la regularidad
Anota en tu agenda las fechas de iniciación de tus períodos menstruales y presta atención a la cantidad de sangre perdida, a los síntomas premenstruales o los períodos dolorosos. Con estos datos a mano podrás consultar a tu médico.

SÍNDROME PREMENS-TRUAL

El síndrome premenstrual puede presentarse en cualquier momento durante las dos semanas previas al inicio del período. Todavía no se conoce su causa exacta. Algunos de los síntomas son: irritabilidad, tensión, depresión, fatiga, mayor dolorimiento de los pechos, retención de líquido y dolor de espalda.

REMEDIOS CONTRA EL SÍNDROME PREMENSTRUAL

• Anota las fechas de tus períodos y los síntomas premenstruales durante tres meses, para comprobar si realmente se repiten regularmente.
• Toma algunas vitaminas u otros complementos dietéticos. La vitamina B6, ingerida durante los diez días previos al período, posiblemente aliviará las molestias.
• Practica ejercicios aeróbicos o natación.
• Consulta a tu médico: tal vez te recete una terapia a base de hormonas o vitaminas.

Cuida tu alimentación
Tú misma puedes reducir los síntomas premenstruales evitando la sal, la cafeína y el chocolate, durante las dos semanas previas al inicio de la menstruación.

DOLORES MENSTRUALES

Ocasionalmente, durante la menstruación se sufren fuertes dolores debido a los cambios hormonales. Habitualmente, el médico recomienda fármacos anti-inflamatorios para aliviar el dolor, o bien, a veces recurre a un tratamiento de anticonceptivos orales para regular el nivel hormonal. No obstante, puede ser que los dolores se deban a un trastorno del aparato reproductor en sí, tal como inflamaciones de la pelvis o una endometriosis. Coméntalo con tu médico.

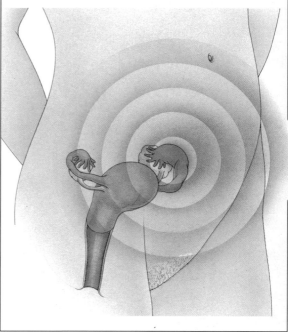

LAS HORMONAS INDUCEN LA MENSTRUACIÓN

El ciclo menstrual es controlado por la interacción de las dos hormonas de la glándula pituitaria y de las sexuales, el estrógeno y la progesterona, que intervienen en el desarrollo y la expulsión de un óvulo, el crecimiento del endometrio y, también, en la eliminación de la membrana uterina durante la menstruación.

NOTA IMPORTANTE

Consulta a tu médico si la cantidad de sangre perdida aumentara, si observaras coágulos, o si sufres hemorragias entre los períodos o después del acto sexual.

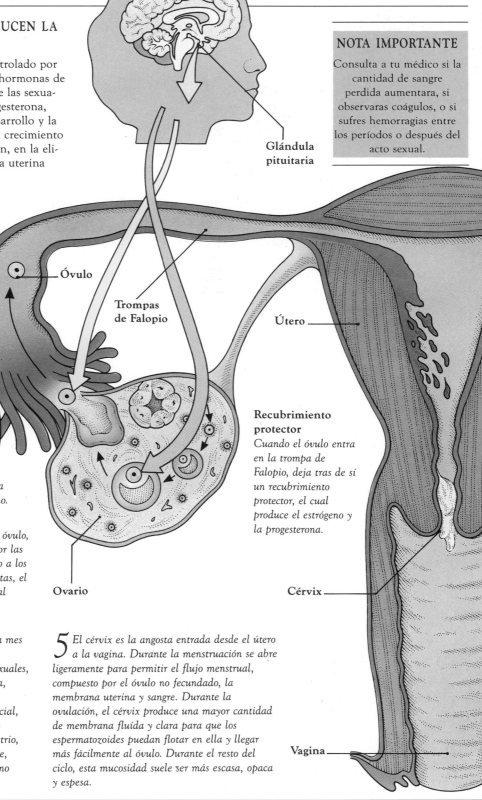

1 *La glándula pituitaria produce dos hormonas que actúan sobre el ovario —una para estimular la maduración del óvulo y la otra para que aquel se desprenda.*

2 *Los óvulos en el ovario se encuentran almacenados en unas cavidades denominadas folículos y cada mes madura y se desprende uno.*

3 *Una vez desprendido el óvulo, éste continua su viaje por las trompas de Falopio y, debido a los movimientos ondulares de éstas, el óvulo se dirige en dirección al útero.*

4 *El útero se prepara cada mes para recibir un óvulo fecundado. Las hormonas sexuales, el estrógeno y la progesterona, estimulan al útero para que prepare una membrana especial, con una amplia red de vasos sanguíneos, llamada endometrio, que se expulsa mensualmente, conjuntamente con el óvulo no fecundado.*

5 *El cérvix es la angosta entrada desde el útero a la vagina. Durante la menstruación se abre ligeramente para permitir el flujo menstrual, compuesto por el óvulo no fecundado, la membrana uterina y sangre. Durante la ovulación, el cérvix produce una mayor cantidad de membrana fluída y clara para que los espermatozoides puedan flotar en ella y llegar más fácilmente al óvulo. Durante el resto del ciclo, esta mucosidad suele ser más escasa, opaca y espesa.*

Glándula pituitaria

Óvulo

Trompas de Falopio

Útero

Recubrimiento protector
Cuando el óvulo entra en la trompa de Falopio, deja tras de sí un recubrimiento protector, el cual produce el estrógeno y la progesterona.

Ovario

Cérvix

Vagina

EL EMBARAZO

La confirmación del embarazo
Poco después de notar la ausencia de la primera menstruación puedes hacerte un análisis de orina para confirmar el embarazo.

UNA MUJER JOVEN Y SANA, que no usa ningún tipo de anticonceptivo y que practica el sexo dos veces por semana, tiene un 90% de posibilidades de concebir una vez al año. El embarazo promedio dura 266 días.

Momentos de alboroto emocional

Los cambios en tu estado físico y emocional se deben a un incremento en el nivel hormonal, a consecuencia de la preparación de tu cuerpo para ir desarrollando y alimentando a tu bebé. Aunque posiblemente estos cambios te hagan sentir mal se deben a una buena causa: cada uno ocupa una parte vital en el complejo proceso del crecimiento de tu hijo.

El embarazo no es ninguna enfermedad. Durante este estado, la mayoría de las mujeres puede seguir llevando una vida normal. Incluso el ejercicio físico, especialmente

LAS TRES ETAPAS DEL EMBARAZO

Los nueve meses de embarazo se dividen en tres etapas, de tres meses cada una, es decir, trimestres. Cada una se caracteriza por un desarrollo particular, tanto en la madre como en el hijo.

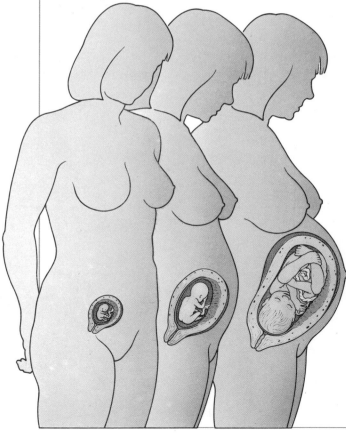

1 Durante los tres primeros meses, el embrión alcanza un tamaño de 5 cm de largo y desarrolla los órganos vitales. Los pechos de la madre aumentan de tamaño y se engorda un 10% del total del peso que se gana durante el embarazo.

2 Durante el segundo trimestre, la mayoría de las mujeres están llenas de energía. El feto crece con rapidez y presenta un aspecto humano. El abdomen aumenta de tamaño y sobresale el ombligo. Durante este trimestre se engorda de un 50 a un 60% del total del peso que se gana durante el embarazo.

3 Durante estos últimos tres meses los órganos del feto van madurando. Es probable que en el cuerpo de la madre se formen estrías. Si el total del peso ganado es inferior a 13 kg resultará fácil recuperar el peso original.

RUBEOLA

Comúnmente conocida como «sarampión alemán», esta enfermedad puede causar serios daños al feto, o causar el aborto, si ataca a una mujer embarazada. Durante los primeros cuatro meses, el riesgo es especialmente alto porque los órganos del bebé están en fase de desarrollo. Pregunta a tu médico si estás vacunada contra ella. La vacunación puede resultar efectiva, aunque es aconsejable no quedar embarazada hasta tres meses después de su aplicación. Si estás embarazada y no vacunada debes evitar el contacto con todas las personas enfermas de rubeola.

la natación o las caminatas, ayudarán a mantenerte en forma y sentirte bien (véase pág. 90).

Vida sana para un embarazo sano

Los tejidos del feto en tu abdomen se alimentan y nutren con lo que comes. Por lo tanto, es especialmente importante que tu alimentación sea regular y equilibrada (véase pág. 60). Pero no caigas en la tentación de «comer para dos»: tus necesidades energéticas diarias sólo se ven incrementadas en 300 calorías. No obstante, es normal que tengas más apetito. Evita los tentempiés con un alto contenido calórico y bajo valor nutritivo.

Recuerda que la placenta no solamente aporta a tu bebé los nutrientes, sino también las sustancias químicas nocivas. Evita el tabaco, el alcohol y cualquier tipo de medicamento perjudicial para la salud de tu futuro hijo.

Lo ideal sería que llevaras siempre una vida sana, incluso ya desde antes del embarazo. Pero nunca es tarde para empezar.

La importancia del cuidado prenatal

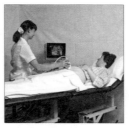

El cuidado médico regular durante el embarazo es indispensable para mantener un buen estado de salud. Visita a tu médico una vez al mes durante los primeros siete meses. Después tendrás que aumentar la frecuencia de tus chequeos. Sigue los consejos de tu médico o tu comadrona. Te serán útiles para llevar un embarazo sano y feliz.

PEQUEÑAS MOLESTIAS COMUNES

Cada embarazo es diferente. Algunas mujeres no sufren ningún tipo de molestias, pero otras sí. Los problemas que pueden presentarse durante este tiempo son: estreñimiento, flujo vaginal, dificultades para dormir, encías sangrantes, venas varicosas y mareos matinales. Durante el último trimestre, algunas mujeres sufren calambres, debilidad, pérdida de orina, insuficiencia respiratoria, hinchazón en los tobillos, dolores de espalda o cansancio.

Mareos matinales
A veces los primeros síntomas de un embarazo son los mareos matinales, que no necesariamente tienen que sentirse por la mañana. Una rebanada de pan tostado o unas galletas los aliviarán.

Tómalo con calma
Algunas mujeres tienen dificultades para encontrarse cómodas en la cama. Intenta mejorar tu postura colocándote varios cojines en tu espalda.

ABORTO

Los abortos suelen ocurrir en uno de cada cinco casos de embarazo, generalmente durante las primeras doce semanas. Muchas mujeres, después de haber sufrido un aborto, vuelven a quedar embarazadas y tienen un bebé sano y normal. Si tuvieras pérdidas o hemorragias debes acudir inmediatamente a tu médico; para esta época del embarazo se dispone de varios medicamentos para evitar el aborto.

PELIGROS

Se cree que de un 2 a un 3 % de los defectos congénitos se deben a diversas causas originadas por medicamentos o sustancias químicas ingeridas por la madre y transmitidas al feto. Reduce estos riesgos minimizando o evitando los siguientes productos:

alcohol

tabaco

medicamentos para la tos

toda clase de medicamentos no prescritos expresamente por el médico

LA MENOPAUSIA

EL TÉRMINO MENOPAUSIA describe la culminación de los períodos menstruales, que normalmente ocurre cuando los ovarios dejan de ser activos, reduciendo su tamaño y produciendo menos estrógeno.

No obstante, este cambio no ocurre de forma repentina. La mayoría de las mujeres atraviesan un período premenopáusico que dura de dos a tres años. En primer lugar, el ciclo menstrual se acorta, en algunas ocasiones hasta en una semana. Después se tiende a alargar, aunque la hemorragia es menor. A continuación se paraliza, para volver a iniciarse después de unos cuantos meses. Es muy poco probable que estos síntomas se produzcan a causa de un embarazo, aunque podría ser posible, incluso durante el período premenopáusico. Es preferible que continúes empleando algún anticonceptivo, al menos hasta que realmente no hayas tenido el período durante más de 24 meses, si tienes menos de 50 años, y durante más de 12 meses, si eres mayor de esa edad. Si sospechas que se trata de un embarazo, consulta inmediatamente a tu médico.

Normalmente las mujeres tienen un cierto temor a la menopausia porque la relacionan con la aparición de síntomas desagradables. Pero no hay motivo para ello, muchas mujeres no experimentan absolutamente ningún síntoma y, para aquellas que sí sufren algunas molestias, se dispone de medicamentos adecuados y efectivos.

SÍNTOMAS

Los síntomas menopáusicos se deben a la reducción del nivel de estrógeno en el organismo femenino. Sin embargo, muchas mujeres no registran absolutamente ningún síntoma; los más comunes son: sudores nocturnos y el bochorno o sonrojo.

• Los sudores nocturnos impiden el descanso, hecho que hace que te despiertes cansada e irritable.

• Las paredes de la vagina también se reducen con la disminución del nivel de estrógeno. La vagina pierde lubricación y se reseca, hecho que la predispone a sufrir infecciones. El acto sexual puede ser doloroso.

• Con la disminución del nivel de estrógeno, la glándula pituitaria produce más hormonas que afectan a la circulación sanguínea en la piel, provocando así la sensación de sonrojo.

• Más que la pérdida del estrógeno, son los cambios en la vida social o laboral los que originan las depresiones durante la menopausia.

¿A qué edad se presenta la menopausia?

La menopausia puede tener lugar en cualquier momento entre los 35 y los 55 años, aunque normalmente ocurre alrededor de los 50. Por razones que aún no se han podido comprender madre e hija suelen tenerla a la misma edad.

HEMORRAGIAS VAGINALES

Durante los años previos a la menopausia, tus períodos menstruales comienzan a cambiar, siendo algunas veces de menor cantidad y otras de mayor. Anota cuidadosamente todos esos datos. Si el período se presenta con mayor frecuencia, o en mayor cantidad, o si sangraras entre las menstruaciones, consulta a tu médico. El sangrado irregular puede deberse al método anticonceptivo que usas, la píldora o el DIU. En caso de duda, consulta a tu médico.

LA MENOPAUSIA QUIRÚRGICA

En caso de que se te practique una histerectomía o uterotomía, en la que el útero se extrae quirúrgicamente, no tendrás más períodos. No obstante, si los ovarios siguen permaneciendo en su lugar, estos continuarán produciendo hormonas hasta el momento de la menopausia natural. Sin embargo, si también se extraen los dos ovarios y si no se te aplica una terapia con hormonas sintéticas, sufrirás una menopausia repentina.

Coméntalo con tu médico
Antes de someterte a cualquier intervención quirúrgica comenta todas las opciones posibles y sus consecuencias con tu médico.

TERAPIA CON HORMONAS SINTÉTICAS

En determinados casos se aplican terapias con hormonas sintéticas para reducir los graves síntomas, tanto físicos como psicológicos, de la menopausia, sustituyendo el estrógeno que el organismo ha dejado de producir.

Simultáneamente este tratamiento sirve de protección contra la osteoporosis, que desarrolla una de cada cuatro mujeres, así como contra las enfermedades cardiovasculares.

A veces se prescriben **cremas y ungüentos** *a base de estrógeno para lubricar la superficie vaginal y evitar sequedad.*

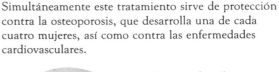

Los parches de estrógeno, *aplicados sobre la piel del hombro, la parte baja del abdomen o el muslo facilitan la absorción de la hormona, a través de la piel, pasando a la corriente sanguínea. Se debe renovar cada tres días y adherirse en un lugar diferente del anterior.*

Las pastillas *a base de estrógeno son el fármaco más común para sustituir a la hormona.*

Los implantes *con hormonas que se van disolviendo paulatinamente se insertan bajo la piel del abdomen. Su efecto tiene una duración de unos seis meses*

EL PROCESO DEL ENVEJECIMIENTO

Con el envejecimiento también cambia tu capacidad mental y física. No obstante, no es necesario que sufras enfermedades o que tengas menos vitalidad. Si te alimentas bien y practicas ejercicio físico con regularidad se reducen los efectos físicos del envejecimiento, mientras que los efectos psicológicos pueden combatirse conservando un elevado interés por todas las innovaciones y los cambios que ocurren en el mundo que te rodea.

Con el paso de los años se produce un enlentecimiento general. Los tejidos son menos elásticos, la piel se va arrugando y las articulaciones no conservan la misma flexibilidad. Los huesos se vuelven más finos y quebradizos y la memoria no es del todo fiable.

Todos estos cambios varían de individuo a individuo: todos aquellos que se mantienen en buenas condiciones físicas y no sufren enfermedades, no mostrarán síntomas del envejecimiento hasta los 70 años.

CAMBIOS QUE SE OPERAN EN EL ORGANISMO

El cerebro y el sistema nervioso
Una menor circulación sanguínea en el cerebro y una pérdida de neuronas afectan a la capacidad intelectual.

El corazón y la circulación
El corazón se vuelve más débil y la tensión sube. La circulación se vuelve más lenta.

Los pulmones
Los pulmones se vuelven menos elásticos y reducen su capacidad. A los 75 años de edad, la capacidad pulmonar disminuye en un 40 %.

El hígado
Las toxinas en la corriente sanguínea no se procesan con la misma eficacia de antes. Por este motivo, los mayores toleran menos el alcohol.

Las articulaciones
Las articulaciones se endurecen, perdiendo movilidad. Con el paso de los años, los discos y huesos de la columna vertebral están gastados y comprimidos. El cuerpo pierde estatura.

Los músculos
También los músculos pierden fuerza y volumen.

Con el paso de los años, el cuerpo humano sufre algunas alteraciones biológicas. Los sentidos se deterioran: la audición es menos aguda, los ojos ven menos y el equilibrio es menos estable. La memoria a corto plazo ya no es fiable y el organismo es más susceptible de sufrir cualquier tipo de enfermedad e infección.

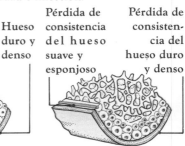

Hueso suave y esponjoso

Hueso duro y denso

Pérdida de consistencia del hueso suave y esponjoso

Pérdida de consistencia del hueso duro y denso

Hueso joven

Hueso viejo

Los cambios en el tejido óseo
En las mujeres, la menor producción de estrógeno después de la menopausia favorece la pérdida de consistencia ósea. Debido a esta pérdida se van desarrollando espacios vacíos en el tejido óseo, donde previamente se hallaban las proteínas y el calcio.

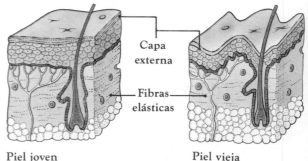

Capa externa

Fibras elásticas

Piel joven

Piel vieja

Los cambios en la piel
La piel de las personas mayores tiene una capa superior muy fina y es muy propensa a los hematomas, debido al proceso de debilitación de los vasos capilares. También disminuye la cantidad de fibras de colágeno, que proporcionan elasticidad. La piel vieja se lesiona con facilidad y presenta un aspecto arrugado.

LAS ARTICULACIONES

En la actualidad las articulaciones gastadas o dañadas pueden reemplazarse por otras artificiales, de metal o de material plástico. Esta sustitución de articulaciones supone un gran beneficio para la gente que sufre de artrosis degenerativa: una enfermedad relativamente frecuente entre las personas de edades avanzadas. En algunas ocasiones, en casos graves de artrosis reumática, también se recurre a las sustituciones. Las diversas articulaciones, de los hombros, los codos, las caderas, los dedos, las rodillas y tobillos se reemplazan por otras artificiales para aliviar el dolor y restaurar el movimiento. Normalmente se fijan con cemento, aunque recientemente se ha perfeccionado una técnica que no precisa del cemento. Naturalmente, las articulaciones artificiales no poseen la misma movilidad que las naturales, pero siempre son mejores que las enfermas, artríticas y dañadas.

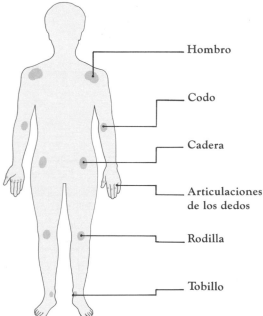

Hombro

Codo

Cadera

Articulaciones de los dedos

Rodilla

Tobillo

Las articulaciones reemplazables
Las articulaciones de la cadera y de la rodilla, deterioradas por la artrosis, son las que se reemplazan con mayor frecuencia y con más éxito; no obstante, también existen otras a las que se les podría dar el mismo tratamiento.

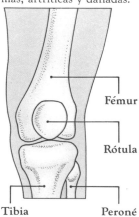

Fémur

Rótula

Tibia

Peroné

Componente femoral
Se adapta al fémur después de haberlo cortado, configurado y preparado correspondientemente.

Componente tibial
Se adapta el extremo superior de la tibia mediante la cirugía.

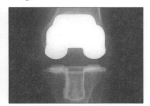

Antes de la sustitución
En esta radiografía se puede ver una rodilla con artrosis. Tanto el hueso como el cartílago están muy gastados

Después de la sustitución
En esta radiografía se pueden ver las dos partes de la rodilla artificial colocadas en su posición correcta.

PARA PREVENIR LA HIPOTERMIA

Las personas mayores y enfermas pueden sufrir un grave descenso de temperatura, sobre todo cuando se hallan casi inmovilizadas. Sus síntomas son mareos, confusión y palidez. Si no se trata adecuadamente, puede provocar pérdida de la conciencia e incluso la muerte. Llama al médico tan pronto sospeches que alguien sufre una hipotermia.

Con objeto de prevenirla, mantén la temperatura ambiente a 19 °C, aunque no tengas frío. Una bebida caliente y ropa de abrigo te ayudarán a estar más protegido. Aliméntate bien para conservar la temperatura de tu cuerpo. No duermas en habitaciones frías.

ENVEJECER SIN PROBLEMAS

- Trata de estimular tu actividad mental.
- Compensa la pérdida de memoria a corto plazo confeccionando listas de apuntes.
- Come una alimentación sana.
- Mantente en forma practicando ejercicio físico con regularidad.
- Planifica tu jubilación.

Controla el desarrollo
Los niños deben pasar una revisión médica con regularidad para comprobar que se desarrollan con normalidad.

Comprueba tu vista
En una óptica comprobarán tu capacidad visual empleando este gráfico.

Análisis de sangre
Con los análisis de sangre se pueden diagnosticar tanto los desequilibrios hormonales, como las enfermedades infecciosas, las deficiencias vitamínicas e, incluso, enfermedades genéticas.

Para examinar el interior de tus ojos
El médico empleará el oftalmoscopio para examinar el interior de tus ojos; está provisto de una fuente propia de iluminación, así como de varios lentes, que facilitan un reconocimiento exhaustivo.

Para comprobar los reflejos
Durante una revisión médica rutinaria siempre se utiliza este martillo para verificar los reflejos.

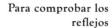

Autoexamen
Una exposición prolongada al sol incrementa el riesgo de contraer cáncer de piel.

CAPÍTULO OCHO

VIGILA TU CUERPO

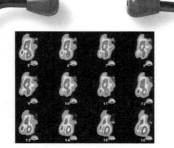

Examenes con scaner
En algunas ocasiones, las pruebas médicas son altamente sofisticadas. A través de esta imagen obtenida con un scaner se comprueba la capacidad de bombeo del corazón.

Test de Papanicolau
Mediante el microscopio se detectan las células anormales.

Escuchar los latidos del corazón
El fonendoscopio es un sustituto para no verse obligado a oprimir el oído contra el tórax humano. Los diferentes trastornos cardíacos o pulmonares producen determinados sonidos característicos.

UN DIAGNÓSTICO PRECOZ es la clave para alcanzar el éxito en un tratamiento del cáncer u otros trastornos graves. Existe un sinfín de métodos diferentes para analizar tu estado de salud. Algunos simplemente miden las pulsaciones, mientras que otros, como el scaner, están en el límite de la más alta tecnología médica moderna. En este capítulo se describen las diferentes pruebas que solicitan los médicos, para que sepas en qué consisten y qué es lo que se analiza a través de ellas.

Para cada uno de los diferentes trastornos se recomienda una prueba característica. Algunas, como el ECG, por ejemplo, sólo se llevan a cabo cuando el médico cree que algo no funciona bien y necesita más referencias. En cambio otras, como el tomar la tensión sanguínea, forman parte de un examen rutinario. Existen muchas más, por ejemplo, todas aquellas que se realizan de forma preventiva, como el test de Papanicolau, que todas las mujeres sexualmente activas, y menores de 65 años, deberían hacerse por lo menos una vez al año.

Sin duda alguna, las pruebas más importantes son aquellas que tú mismo puedes hacerte en tu propia casa, ya que eres la persona más indicada para descubrir los primeros síntomas de la existencia de un posible cáncer: un 90 % del cáncer de mama se detecta durante el autoexamen de la mujer. Tú mismo conoces a tu propio cuerpo mejor que nadie y sabrás interpretar cualquier posible alteración de tu piel, tus pechos, tus testículos, tus hábitos intestinales o cualquier otro cambio en tu estado de salud general.

Es imprescindible que tan pronto detectes cualquiera de los síntomas descritos en este capítulo, consultes a tu médico. Cuanto más pronto lo examine, mayor será tu esperanza de vida.

El Desarrollo Infantil

Todos los niños desarrollan sus habilidades mentales y físicas en un mismo órden, aunque unos son más rápidos y otros más lentos.

DESPUÉS DEL NACIMIENTO, el pediatra examina al recién nacido. Estas revisiones médicas han de repetirse regularmente, una vez al mes, durante el primer año de vida, y con un intervalo mayor hasta los cinco años, con objeto de comprobar el buen desarrollo del niño de acuerdo a su edad. Cualquier anomalía o retraso ha de detectarse inmediatamente para tomar las medidas adecuadas.

La identificación precoz de cualquier tipo de síntoma anormal de salud, o del propio desarrollo en su fase inicial, facilita su tratamiento y curación antes de que sea demasiado tarde, evitando que el niño sufra retrasos más serios. Algunas de estas medidas son: prescribir el uso de gafas para corregir los defectos visuales; utilizar un aparato auditivo para corregir la sordera; fisioterapia para los niños que presentan dificultades de coordinación muscular; y terapias especiales para aquellos con trastornos en el lenguaje.

El desarrollo de la vista

Los recién nacidos no son capaces de enfocar una imagen. Pero a las seis semanas de edad, el bebé empieza a distinguir las caras y los objetos a una distancia de 60 cm y, a los tres meses, es capaz de seguir con la mirada cualquier juguete que esté en movimiento delante suyo, a una distancia de 20 cm.

A los seis meses tiene capacidad para enfocar todos los objetos y no solamente los sigue con la vista, sino que también intenta cogerlos para pasarlos de una mano a la otra, o llevárselos a la boca. A los nueve meses utiliza predominantemente el índice y el dedo del corazón para coger los objetos y, además, los coge con fuerza. No obstante, tiene dificultades para soltarlos. Al principio usa ambas manos con la misma habilidad. La lateralización no se define, por razones que aún no se han podido determinar, hasta los tres años de edad.

A las seis semanas
Todos los bebés tienen una visión limitada durante las primeras seis semanas de su vida. A las seis semanas es capaz de mirar y sonreír si te acercas a una distancia de 60 cm. La distribución irregular de las horas de sueño se empieza a regularizar durmiendo un largo período de tiempo durante la noche y ratos cortos durante el día.

A los ocho meses
Un bebé de ocho meses ya es capaz de cambiarse de postura en la cuna, de permanecer boca-abajo y volverse boca-arriba, de estar sentado sin ayuda y de balbucear algunas palabras sin sentido con una amplia gama de diferentes sonidos. Durante la comida intenta coger la cucharita o meter sus deditos en el plato para comer solo.

A los dos años
A esta edad, casi todos los niños son capaces de andar solos y sin ayuda, intentan subirse a los muebles, dicen pequeñas frases con sentido y juegan con imaginación. Empiezan a controlar sus esfínteres, aunque sigan llevando pañales de noche. También se presentan los primeros temores a la oscuridad.

Con el desarrollo progresivo de sus habilidades y su coordinación en general, el niño ya realiza juegos constructivos, por ejemplo, logra sobreponer varias piezas para formar una torre y, en sus dibujos, aparecen figuras reconocibles.

El desarrollo del lenguaje

Un bebé de tres meses, que llora con todas sus energías, debería reaccionar a un ruido fuerte, quedándose callado. A los cuatro meses de edad, el niño se moverá en la dirección de donde procede el sonido. Un bebé de seis meses de edad emite toda una serie de balbuceos diferentes, se ríe y chilla de alegría.

El equilibrio
El niño no es capaz de mantener el equilibrio apoyándose sólo sobre un pie, hasta los 5 años de edad.

Alrededor de los nueve meses, el niño empieza a utilizar el sonido para atraer la atención. Las primeras palabras con sentido se suelen pronunciar cuando el niño cumple un año y, desde aquel momento, el vocabulario se irá incrementando durante los dos próximos años. A partir de los dos años de edad es capaz de comprender y seguir indicaciones sencillas.

Andar

La mayoría de los niños da sus primeros pasos entre los 9 y los 15 meses de edad. Algunos primero gatean y, normalmente, caminan más tarde. En cambio, hay otros muchos que no pasan por el período de gateo.

El control de las funciones intestinales y de la vejiga

La edad a la cual el niño empieza a poder controlar sus funciones intestinales y de las vías urinarias es muy variable. Por lo general, el niño domina primero la función intestinal, a partir de los 20 meses. A los dos años, muchos niños ya no se mojan durante el día, pero sí durante el descanso nocturno, y no pueden prescindir de los pañales hasta los 3 años.

A los tres años
El niño de tres años posee un vocabulario considerable, pronuncia frases enteras y no cesa de formular preguntas. Aprende a compartir sus juguetes con otros y atiende a los razonamientos. Su rabietas son menos frecuentes. Ha aprendido a controlar casi totalmente sus funciones intestinales y de la orina, y sólo en raras ocasiones necesita pañales durante la noche.

A los cinco años
El niño de cinco años de edad disfruta cantando canciones cortas, repitiendo rimas infantiles, escuchando cuentos y mirando libros ilustrados. A esta edad es capaz de saltar y, en sus dibujos, se reflejan figuras reconocibles. Se viste y desnuda solo y quiere llevar a cabo su aseo personal sin la ayuda de nadie.

VIGILA EL DESARROLLO DE TU HIJO

Si observaras algún síntoma anormal relacionado con la vista, el oído, el lenguaje, el crecimiento, el peso o el desarrollo físico general de tu hijo, consulta a tu pediatra o médico familiar. Es posible que se te pase por alto algún problema particular de tu hijo, sobre todo si tienes más de uno, por lo que es indispensable que los lleves al pediatra regularmente.

Un Chequeo Rutinario

El examen médico tiene por objeto detectar síntomas de una posible enfermedad y te informa sobre tu estado de salud general.

El historial clínico
Antes de hacerte el examen físico-médico se te formularán toda una serie de preguntas sobre tus antecedentes clínicos y tu forma de vida en general, por ejemplo, si fumas, si te sientes enfermo, y si duermes bien.

EXISTEN VARIOS motivos por los cuales se practican los chequeos médicos rutinarios: para averiguar tu estado de salud actual; para asegurar que no te hayas contagiado de alguna enfermedad transmisible; o en caso de una enfermedad hereditaria. Por la razón que sea, te realizarán una serie de análisis diferentes para poder dar un diagnóstico completo. La revisión médica también es muy aconsejable en el caso del reconocimiento precoz de diferentes trastornos graves en su fase inicial, lo cual aumenta su probabilidad de curación.

LOS COMPONENTES DEL EXAMEN MÉDICO

Antes de hacerte el examen físico-médico, se te formularán toda una serie de preguntas sobre tus antecedentes clínicos y tu forma de vida en general, por ejemplo, si fumas, si te sientes enfermo y si duermes bien.

PRUEBA	FRECUENCIA	¿POR QUÉ?	MAYOR FRECUENCIA
Peso	En cualquier examen médico.	La falta de peso está relacionada con muchas enfermedades.	Cuando sufres cambios bruscos de peso no intencionales.
Tensión sanguínea	Una persona adulta: cada año.	Controlar el estado de salud del corazón y de los vasos sanguíneos.	Por lo menos una vez al año, o más, si tomas la píldora anticonceptiva oral o si te lo prescribe el médico.
Orina	En cualquier otro examen médico.	Revela el estado de salud de tus riñones, cualquier tipo de infección, o diabetes.	En caso de síntomas sospechosos en las vías urinarias.
Azúcar en la sangre	En cualquier análisis de sangre.	El elevado contenido de azúcar en la sangre podría significar diabetes.	Si eres diabético.
Colesterol	Una vez cada cinco años.	Indica la probabilidad de un ataque cardíaco.	Si tu historial clínico incluye altos niveles de colesterol o estás sometido a tratamiento.
Prueba de Papanicolau	Anualmente. Todas las mujeres entre los 18 y los 64 años que hayan mantenido relaciones sexuales.	Revela la existencia de células anormales que podrían indicar un cáncer de matriz.	Si has tenido trastornos en este sentido o si te lo indica el médico.
Mamografía	Una vez al año, a partir de los 40 a 50 años de edad.	Detección del cáncer de mama en su fase inicial.	Si tienes antecedentes familiares de cáncer de mama.

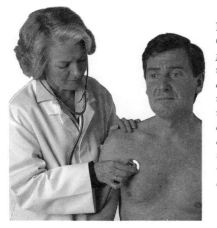

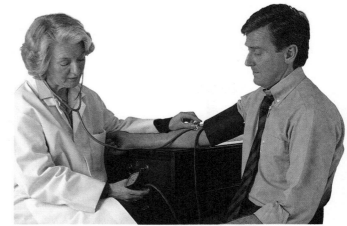

La auscultación
Con ayuda del fonendoscopio, el médico escucha y averigua tus funciones cardíacas y pulmonares. Colocándolo sobre una arteria puede detectar una posible alteración de la circulación sanguínea.

La toma de la tensión sanguínea
La tensión sanguínea es la fuerza con la que la sangre circula por las arterias, hecho que te da referencias sobre el estado de tu corazón y circulación en general. La tensión alta, en estado de reposo, supone trastornos circulatorios. Si no se medica adecuadamente, puede ocasionar un ataque cardíaco o un infarto.

LA AUSCULTACIÓN CON LAS MANOS

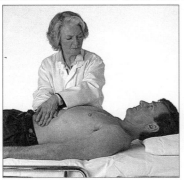

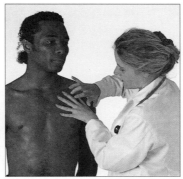

Palpación —Palpar con las manos para detectar cualquier formación irregular demasiado blanda o hinchada constituye una parte importante de un examen médico. Ejerciendo una suave presión con la mano extendida, el médico detecta cualquier crecimiento irregular de los ganglios linfáticos o de otros órganos internos, como el hígado, el bazo, los riñones o el corazón.

Percusión —Golpeando con suavidad el pecho o el abdomen del paciente, el médico verifica el estado de sus órganos internos por el sonido y la resonancia. Un abdomen con un exceso de gases tiene una mayor resonancia, y el hígado inflamado produce un sonido más apagado en la parte derecha, debajo de las costillas. Este procedimiento también revela la existencia de posibles tumores y enfisemas.

EL ASPECTO FÍSICO

Tu aspecto físico general constituye una referencia básica de tu estado de salud. ¿Tienes una apariencia relajada y sana o pareces trastornado y preocupado? Con un simple examen de tu aspecto exterior el médico ya tiene una primera impresión sobre tu estado de salud. Una fina línea azulada alrededor de tu boca refleja trastornos cardíacos o pulmonares, mientras que un rostro enrojecido le hará sospechar del abuso de bebidas alcohólicas o de problemas dermatológicos.

LOS REFLEJOS

Un golpe realizado con un martillo de goma sobre un tendón origina la contracción automática del músculo correspondiente. En caso de que existan daños en el tejido nervioso de la espina dorsal, este reflejo no se produce. Si existe algún deterioro cerebral, este mismo reflejo será excesivamente violento y exagerado.

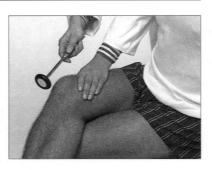

EL EXAMEN DE LOS OJOS

Aunque creas tener una visión perfecta, conviene que la compruebes periódicamente.

E L EXAMEN DE LOS OJOS es muy importante, especialmente en los niños, ya que a esa edad los defectos aún pueden corregirse antes de que se conviertan en problemas irremediables. Las personas adultas, sobre todo aquellas mayores de 40 años, deberían examinarse los ojos dos veces al año, para detectar el deterioro de la vista debido a la edad y para recibir un tratamiento y las gafas adecuadas con objeto de conservar el máximo de su capacidad visual.

Algunas personas enfermas, cuyos trastornos también afectan a la vista, como aquellas que sufren de una tensión alta o de diabetes, deben acudir al oftalmólogo una vez al año. Si sufres de algún trastorno ocular, como pinchazos en el ojo, una visión doble o borrosa, puntos negros y círculos de colores alrededor de las luces debes consultar a tu oftalmólogo de inmediato.

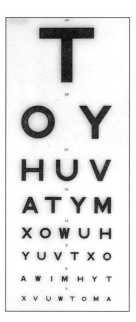

La tabla de Snellen
La agudeza visual a distancia se comprueba con la lectura de la tabla de Snellen, que se coloca a unos 6 m de la persona. Este gráfico tiene 8 líneas de letras, cada una de tamaño inferior a la anterior. Una persona con una vista normal es capaz de leer hasta la penúltima línea.

Comprueba tu vista
Tú mismo puedes verificar el buen estado de tus ojos llevando a cabo las pruebas de la página siguiente. Si tuvieras algún problema, consulta a tu oftalmólogo. La detección temprana minimiza el problema y evita una mayor pérdida de visión.

GLAUCOMA EN LA FAMILIA

El glaucoma es una enfermedad de los ojos, la cual suele ser hereditaria. La hipertensión en el interior del ojo puede conducir a la ceguera. Por lo tanto, si alguien de tu familia ha padecido glaucoma debes examinar tus ojos con regularidad. Gracias a los microscopios binoculares de alta potencia y demás aparatos especiales, el oftalmólogo verificará el estado de tus ojos.

Interior del ojo visto por el oftalmólogo

Oftalmoscopio

La oftalmoscopia
El oftalmoscopio es un instrumento que se emplea para examinar el interior del ojo. Con ayuda de una fuente de luz y una serie de lentes permite observar, con detalle, la parte interior del ojo. Se emplea para el diagnóstico de trastornos tales como el desprendimiento o degeneración de la retina, la inflamación del nervio óptico o los problemas de los vasos sanguíneos de la retina.

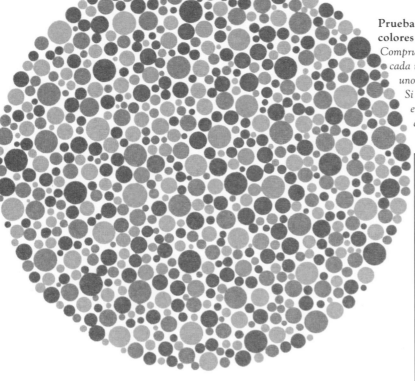

Prueba para determinar tu visión de los colores

Comprueba tu visión de los colores rojo y verde de cada uno de los ojos de forma individual, cubriendo uno de ellos y examinando el círculo de Ishihara. Si eres daltónico, no serás capaz de distinguir entre rojo y verde: leerás el número 3 en lugar del 8. El daltonismo es más frecuente entre los hombres que entre las mujeres.

CONSECUENCIAS DEL ENVEJECIMIENTO

Con el transcurso de los años, el cristalino pierde elasticidad, y el punto más cercano que tu ojo puede enfocar se va distanciando cada vez más. Aunque siempre hayas disfrutado de una buena visión, posiblemente necesites gafas a partir de los 45 años.

Visión normal
Los ojos de los jóvenes enfocan tanto al hombre como al árbol que se encuentra detrás.

Visión de una persona mayor
Las personas mayores enfocan mejor los objetos distantes que los cercanos.

¿Necesitas gafas?
Toma este libro y sepáralo unos 40 cm de tus ojos para leer los diferentes tipos de letra. Si no eres capaz de leerlas, necesitas usar gafas. Si normalmente llevas gafas, realiza la misma prueba con ellas puestas. Si no puedes leer todo lo impreso, seguramente necesites unas gafas con una mayor graduación.

EL CAMPO VISUAL

Estas dos pruebas te informan sobre tu campo visual. La primera de ellas la puedes hacer tú mismo.

Comprueba tu campo visual
Cubre un ojo con tu mano. Estira el brazo lateralmente a la altura del hombro con el pulgar hacia arriba. Comprueba si percibes el movimiento del pulgar mientras miras hacia adelante. Si no ocurre así, tienes un campo de visión restringido. Repite la misma operación con el otro ojo y el otro brazo.

Examen profesional
Con una pantalla, en la cual aparecen puntos de luz en diferentes posiciones, el oftalmólogo te dará una información mucho más exacta sobre tu campo visual.

EL EXAMEN DE LOS OÍDOS

El examen de tus oídos te informa sobre tu capacidad auditiva.

Sɪ ᴄʀᴇᴇs ǫᴜᴇ no oyes bien, consulta a tu médico. No retrases la visita al especialista: muchos problemas de pérdida de audición tienen fácil solución.

Existen muchas formas de examinar los oídos, algunas de ellas son complejas y presentan una gran cantidad de gráficos que reflejan la pérdida de la capacidad auditiva, mientras que otras son muy simples y sólo requieren un diapasón.

Cómo viajan las ondas sonoras

Existen dos caminos diferentes para que las ondas sonoras lleguen al oído interno: a través del conducto del oído, (conducidas por el aire) o directamente a través de los huesos del cráneo (conducción ósea).

La prueba con el diapasón

Cuando se golpea el diapasón con un objeto sólido empieza a vibrar y a emitir sonidos. Si se acerca a la apertura del oído externo, el médico puede comprobar la transmisión de las ondas sonoras a través del oído externo y medio. Para verificar la conducción ósea, se presiona el diapasón sobre el cráneo, detrás de la oreja. Un oído sano presenta una mejor conducción de aire que ósea, de modo que se oye mejor el sonido cuando se coloca el diapasón delante de la oreja.

Una conducción ósea deficiente refleja el deterioro del oído interno, del centro auditivo del cerebro o de los nervios de conexión entre ambos.

PRUEBA DE WEBER

Mediante este test se puede comprobar un defecto auditivo lateral (de un solo oído). Se presiona el diapasón en vibración contra la frente del paciente y se le consulta si es capaz de oír el sonido en ambos lados. Las ondas sonoras atraviesan los huesos craneales y llegan a ambos oídos. Un oído sordo no percibe los ruidos de fondo y sólo escucha el sonido del diapasón, el cual oirá con mayor intensidad.

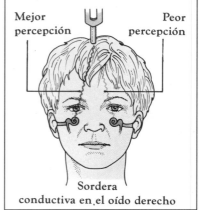

Mejor percepción — Peor percepción

Sordera conductiva en el oído derecho

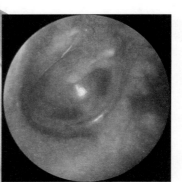

Vista del tímpano con el otoscopio

Otoscopio
Un elemento importante para examinar ambos conductos auditivos es el otoscopio. Este instrumento, que permite ver el interior del oído, está provisto de unas lentes amplificadoras, luz propia y un tubo que se desliza por el interior del conducto. Los médicos lo emplean para diagnosticar dos de las causas más comunes de sordera: la acumulación de cerumen y la infección ótica.

LA AUDIOMETRÍA

Un audiómetro es un aparato que transmite sonidos a distintas frecuencias y con una diferente intensidad. La persona a ser examinada se encuentra en una habitación aislada de todos los demás ruidos. El volumen de cada uno de los niveles de frecuencia se va reduciendo progresivamente hasta que la persona ya no perciba nada. Las líneas de registro, sobre un gráfico, reflejan la deficiencia auditiva a través de toda la gama de frecuencias transmitidas al oído humano.

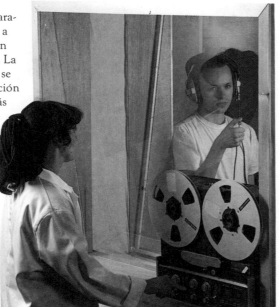

LA AUDICIÓN Y EL ENVEJECIMIENTO

En muchas personas, el proceso de envejecimiento implica también una menor sensibilidad a los sonidos de las frecuencias más elevadas, lo cual les dificulta el poder seguir una conversación. No obstante, esta disminución suele tener solución. Muchas veces la extracción del cerumen les permite recuperar su audición.

Los aparatos auditivos *que amplifican los tonos más altos ayudan a los mayores a oír mejor.*

Auricular y oscilador
La conducción por el canal auditivo se mide con la transmisión de varios sonidos por un auricular, a los dos oídos a la vez. El oscilador colocado detrás de la oreja registra la conducción a través de los huesos.

¿QUIÉN DEBE PRACTICARSE UN EXAMEN DE AUDICIÓN?

• Todos los niños.
• Cualquier niño que sufra retraso en la adquisición del lenguaje: posiblemente presente problemas de sordera.
• Cualquiera con dificultades para seguir una conversación o que escuche ruidos extraños en el oído interno.
• Todas las personas mayores con síntomas de confusión.
• Todas aquellas personas que, regularmente, se vean obligadas a soportar un alto nivel de ruido.

IMPEDANCIA AUDIOMÉTRICA

Para que las ondas sonoras puedan vibrar y transmitirse libremente al oído medio e interno, los tímpanos deben tener la misma presión en ambos lados. Con la impedancia audiométrica se comprueba si el tímpano posee esta libertad de movimiento. Para la realización de esta prueba, una pequeña sonda colocada en el interior del canal auditivo transmite las ondas sonoras al tímpano, mientras que se bombea aire a diferentes presiones. Los distintos gráficos de sonidos reflejados por el tímpano se detectan mediante un micrófono colocado dentro de la sonda que detecta cualquier trastorno del oído medio.

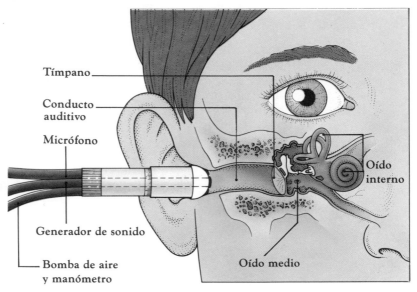

Tímpano
Conducto auditivo
Micrófono
Oído interno
Generador de sonido
Oído medio
Bomba de aire y manómetro

LOS ANÁLISIS DE SANGRE

El análisis de sangre es indispensable para el diagnóstico de muchas enfermedades.

LOS ANÁLISIS DE SANGRE constituyen un factor muy importante para el diagnóstico de muchas enfermedades, ya que la sangre está compuesta por centenares de partículas diferentes, cuya concentración o apariencia se modifica durante la enfermedad, dando así una referencia sobre el trastorno de cualquier órgano del cuerpo humano, un desequilibrio hormonal, una enfermedad infecciosa o un defecto en el sistema inmunitario.

Estos análisis se realizan en la sangre; en el plasma, que es el líquido que contiene los glóbulos rojos y blancos; o en el suero, el líquido sobrante tras la coagulación sanguínea.

El análisis de sangre

Para poder averiguar la estructura y la función de los glóbulos rojos, su configuración, su dimensión y su aspecto se emplea el microscopio. También se puede analizar el grupo sanguíneo. Las diferentes sustancias químicas contenidas en la sangre son: los nutrientes, los aminoácidos, el colesterol, las hormonas, los gases, los enzimas que estimulan las reacciones químicas, el hierro, las sustancias de desecho y los medicamentos o el alcohol.

Con la detección de diferentes microorganismos tales como bacterias u hongos, se pueden diagnosticar algunas enfermedades infecciosas. Estos microorganismos se detectan directamente con el microscopio y después de preparar un cultivo especial.

Los glóbulos blancos liberan anticuerpos para erradicar a los microorganismos invasores, así que, si el análisis revela un cierto aumento de determinados anticuerpos se confirma la existencia de una infección.

LA EXTRACCIÓN DE SANGRE

Para algunos análisis sólo se precisan dos o tres gotas de sangre, en cuyo caso se extrae de la punta de un dedo. Cuando se precisa una mayor cantidad, ésta se extrae de una vena de la parte anterior del codo, empleando una jeringa esterilizada.

Ya que normalmente el organismo tiene un mínimo de cuatro litros de sangre no le perjudicará la pérdida de una pequeña cantidad. La extracción en sí tampoco resulta dolorosa y, si se emplean instrumentos esterilizados, tampoco existe ningún riesgo de contraer el SIDA ni la hepatitis B.

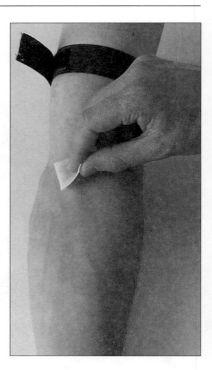

1 Para lograr que la vena sobresalga se coloca un tubo o una cinta de goma, en forma de torniquete, alrededor de la parte superior del brazo. A continuación se desinfecta la piel con alcohol y se introduce la aguja esterilizada.

2 Cuando se haya introducido la aguja, se extrae la sangre haciendo subir el émbolo de la jeringuilla.

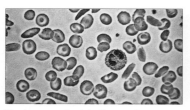

En la anemia falciforme *los glóbulos rojos muestran una configuración alargada.*

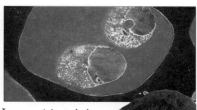

Los parásitos *de la malaria aparecen de color azul dentro de los glóbulos rojos.*

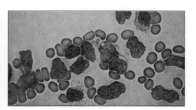

La leucemia linfática *aguda provoca que los glóbulos blancos presenten un aspecto anómalo y una gran cantidad de células inmaduras.*

EL ANÁLISIS CON EL MICROSCOPIO

En ocasiones, en el examen de una prueba sanguínea se descubren glóbulos rojos anómalos que son la causa de graves enfermedades, o la presencia de bacterias o parásitos. Con el microscopio sólo se pueden

observar los glóbulos rojos, los blancos y las plaquetas: todas las demás sustancias son demasiado pequeñas para que puedan observarse; no obstante, se detectan en los análisis químicos.

ANÁLISIS DE LAS PROTEÍNAS

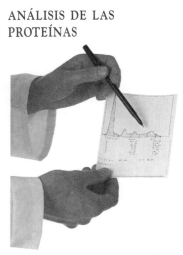

Mediante el análisis del nivel de proteínas en la sangre, como las albúminas, los enzimas, las hormonas y los anticuerpos se diagnostican los diversos trastornos hepáticos, nefríticos, endocrinológicos o inmunitarios. Mediante la técnica conocida como electroforesis, en la que se emplea un campo eléctrico para separar las diferentes proteínas de una muestra de sangre, se logra obtener una precipitación de la concentración de cada una de las proteínas.

EL CONTROL DEL AZÚCAR EN LA SANGRE

Una gran cantidad de diabéticos demuestran mantener el buen control de su enfermedad debido al continuo análisis de su nivel de glucosa en sangre. Si éste sube demasiado, el diabético debe recurrir a una mayor dosis de insulina o revisar su alimentación.

1 Se extrae una gota de sangre de la punta del dedo. En algunos casos se utiliza un dispositivo automático que facilita la extracción.

2 Se sujeta la cinta horizontalmente y se aplica la gota de sangre sobre el área tratada químicamente.

3 Comparando el cambio de color en la cinta con la escala de colores impresos sobre el recipiente se determina el nivel de glucosa en la muestra de sangre.

LOS ANÁLISIS DE ORINA

La infección de los riñones

El dolor o la hipersensibilidad en un lado de la espalda, justo por encima de la cintura, puede constituir un síntoma de una infección de las vías urinarias, la cual se ha extendido hasta los riñones. Para verificarlo, el médico te pedirá un análisis de orina.

PRUEBA DE PRESENCIA DE GLUCOSA, PROTEÍNAS O SANGRE

Algunos de los análisis deben practicarse en un laboratorio, mientras que otros pueden realizarse en el consultorio médico, donde se detecta la presencia y la cantidad de glucosa, proteínas y sangre en la orina. Se sumerge una cinta de ensayo, impregnada con un producto químico en la muestra de orina y, con la presencia de cualquiera de estas sustancias, la cinta cambia de color.

1 **Sumergir la cinta de ensayo**
Se sumerge la cinta en la muestra y se elimina cualquier exceso. Algunas de estas cintas presentan varios recuadros coloreados, cada uno de ellos para una prueba diferente.

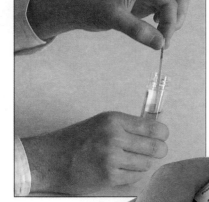

2 **La lectura de la cinta de ensayo**
Tan pronto haya transcurrido el período de tiempo predeterminado, se comparan los posibles cambios de color de los recuadros con el gráfico de referencia, el cual correlaciona el color con la concentración de cada uno de los componentes analizados.

El análisis de orina es una forma fácil de obtener muchas referencias sobre tu estado de salud.

El ANÁLISIS DE ORINA te ayuda a confirmar la existencia de una infección, de una enfermedad de los riñones, de un posible embarazo o a controlar tu diabetes.

En caso de una infección de la vejiga o de los riñones deberás entregar unas muestras con características específicas, por ejemplo, el que no sea la primera orina sino una parte intermedia, ya que gran parte de los microorganismos que se encuentran alrededor de la entrada de la uretra habrán sido eliminados. Asimismo, una limpieza antes de tomar la muestra evita la contaminación por microorganismos en el área genital.

La primera orina de la mañana es la mejor para detectar los posibles causantes de la enfermedad, ya que habrán tenido toda la noche para multiplicarse. Cuanto mayor sea su número, más fácil será encontrarlos bajo el microscopio.

ALTERACIONES DE LA ORINA

El color de la orina puede variar circunstancialmente. Algunos de estos cambios son normales; otros son síntomas de una posible enfermedad.

ASPECTO	POSIBLE CAUSA
Amarillo pálido o incoloro	La orina puede estar muy diluída después de haber bebido mucho líquido.
Amarillo oscuro	Concentración de la orina causada por deshidratación, exceso de sudor, diarrea o vómitos.
Color naranja o rojizo	Algunos medicamentos alteran el color de la orina: consulta a tu médico.
Marrón o rojo	Presencia de sangre en la orina. Consulta a tu médico.
Color rosa, rojo	Las zarzamoras, los betabeles, algún colorante alimentario y los medicamentos producen ese color. Si el color persiste, debes hacerte un análisis.
Espumoso	Pérdida de proteínas de un riñón enfermo.

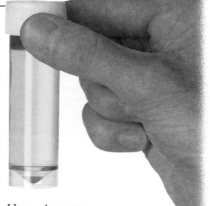

Una orina sana
La orina sana es de color paja y casi inolora.

ANOMALÍAS

La presencia de sangre, glucosa o grandes cantidades de proteínas en la orina es completamente anómala y puede ser síntoma de diabetes, infecciones, tumores, alguna enfermedad nefrítica o de la próstata.

LA ORINA BAJO EL MICROSCOPIO

Además de detectar bacterias, las cuales confirmarían la existencia de una infección de las vías urinarias, también puede analizarse la orina bajo el microscopio con objeto de averiguar otros posibles trastornos.

Cistografía

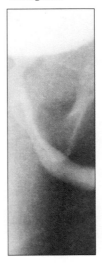

Se introduce una sustancia opaca a los rayos X en la vejiga, a través de la uretra, lo que permite observar el recorrido de la orina. Esta prueba se realiza, con frecuencia, en niños con infecciones en las vías urinarias, para averiguar si la causa es el retorno de la orina por uno de los uréteres durante la descarga de la vejiga.

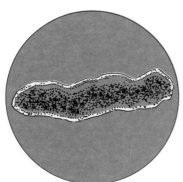

Los cálculos *se componen de sustancias que a veces contienen glóbulos rojos; su presencia en la orina confirma la existencia de un trastorno nefrítico, normalmente en combinación con una exagerada pérdida proteica.*

En ocasiones la presencia de cristales *en la orina es normal pero una gran cantidad de un determinado cristal puede ser síntoma de un trastorno metabólico específico. Por ejemplo los cristales de ácido úrico se relacionan con la gota y con las piedras en el riñón.*

NOTA IMPORTANTE

Si tu orina huele mal o fuerte, cambia de color, está acompañada de sangre o es excesivamente espumosa, consulta a tu médico.

LA SALUD DENTAL

UTENSILIOS PARA LA HIGIENE DENTAL

El cepillo de dientes
Compra un cepillo con cerdas redondeadas y suaves: las duras deterioran el esmalte de los dientes y dañan las encías. Posiblemente también necesites un cepillo más pequeño para limpiar aquellas zonas de la boca donde no llega el grande.

La limpieza diaria empleando el cepillo y el hilo dental es esencial para mantener los dientes y las encías sanos y fuertes.

L<small>A ALIMENTACIÓN TRADICIONAL</small> del mundo occidental contiene tanto azúcar que resulta casi imposible prevenir la caries dental. No obstante, una buena higiene bucal, el comer menos productos que contengan azúcar y las visitas regulares al dentista te ayudan a reducir la incidencia de caries.

Si cepillas tus dientes cada mañana y cada noche, y después de cada comida, eliminas todos los restos de alimentos y previenes la acumulación de la placa dental, una capa pegajosa compuesta por saliva, bacterias y partículas de comida. Además, no tendrás mal aliento.

Pasta de dientes
Las pastas con flúor endurecen el esmalte. Por lo tanto, el cepillarse los dientes regularmente con cualquier pasta de dientes que contenga flúor previene la caries dental.

¿CÓMO MANTENER SANOS TUS DIENTES Y ENCÍAS?

- Consulta a tu dentista cada año.
- Cepilla tus dientes por la mañana y por la noche, con una pasta de dientes que contenga flúor.
- Come menos alimentos que contengan azúcar. Después de la comida come un trozo de queso, el cual neutraliza los ácidos alrededor de los dientes.
- No utilices nunca el mondadientes; si fuera imprescindible, empléalo con cuidado: puede dañar tus encías.

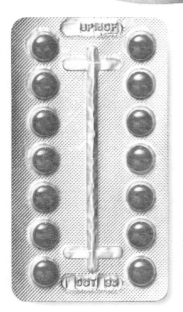

Pastillas para descubrir los defectos
Si masticas una de estas pastillas, todas aquellas zonas de tu boca que presenten placa dental se teñirán de color rojo.

Hilo dental
Limpia tus dientes con hilo dental una vez al día para eliminar la placa y los restos de alimentos que se acumulan entre los pequeños rincones de tu boca. Si tienes muchos empastes y superficies irregulares, posiblemente te resulte más fácil usar el hilo encerado.

LA LIMPIEZA CON EL CEPILLO Y EL HILO DENTAL

Una limpieza diaria con el cepillo y el hilo dental, aplicados de forma correcta, mantendrá tu boca sana. Esta es la mejor protección contra la caries y las enfermedades de las encías.

La técnica del hilo dental
Utiliza un hilo de unos 30 cm de largo y enrolla la mayor parte sobre tus dedos del corazón de cada mano, dejando un trozo de 10 cm para pasarlo entre tus dientes. Deslízalo hacia delante, en dirección a las encías, eliminando los restos entre diente y diente.

La técnica del cepillado
La mejor técnica para cepillar bien los dientes es la de ir cepillando de un lado al otro y, después, desde arriba hacia abajo, haciendo pequeños movimientos circulares. Los dientes infantiles deben cepillarse de la misma manera.

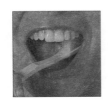

• Cepilla primero el lado interior. Sigue con la superficie y, finalmente, con la parte exterior de los dientes.

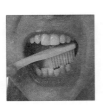

• La formación de la placa dental se inicia donde se juntan el diente y la encía, lugar en el que debes iniciar el cepillado.

LA REVISIÓN DENTAL

Para mantener una boca sana debes consultar al dentista cada seis meses. El tratamiento precoz de la caries y de las encías enfermas evita daños mayores. Las muelas del juicio deben extraerse si los maxilares son demasiado pequeños.

El revestimiento de la boca *debe revisarse para detectar cualquier posible enfermedad.*

La anatomía dental; *los defectos deben corregirse: tanto el exceso de muelas como el desgaste irregular, o la falta de dientes.*

Se examinan las encías *para detectar posibles enfermedades como el sangrado, la inflamación o la hinchazón.*

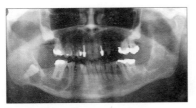

Las radiografías *revelan los trastornos dentales y de las encías que no se observan a simple vista.*

La dentadura *debe ajustar perfectamente para que pueda desempeñar correctamente su función.*

También se examina la **superficie dental** *para detectar un posible exceso de desgaste.*

261

VIGILA TU CORAZÓN

La detección precoz de los trastornos circulatorios, como la angina de pecho y la hipertensión, reducen el riesgo de contraer enfermedades cardíacas.

LOS TRASTORNOS CARDÍACOS y circulatorios tienen diferentes síntomas. No obstante, muchos de estos se deben a otros problemas más triviales.

Los vértigos y desmayos

La mayor parte de los vértigos no son un síntoma de problemas graves aunque si ocurren con frecuencia es posible que exista un defecto circulatorio, especialmente si se sufren durante la práctica del ejercicio. Los desmayos son menos alarmantes. Pueden ocurrir al permanecer de pie durante demasiado tiempo, en una atmósfera contaminada y calurosa. Asimismo algún dolor agudo y fuerte puede provocar un desmayo al sobreestimular el nervio vago que reduce los latidos del corazón. Sólo en el caso de que sufras un desmayo durante la práctica de un ejercicio vigoroso puede atribuirse a un problema cardíaco. Sin embargo, esto ocurre muy rara vez.

Dolores torácicos

La mayor parte de los dolores torácicos no guardan ninguna relación con el corazón, sino que hacen referencia a dolores musculares o nerviosos. Sin embargo, un dolor en garra en el centro del tórax puede ser el síntoma de una enfermedad coronaria y, en este caso, debes consultar a tu médico de inmediato.

Falta de aliento

Es muy normal que te falte el aliento durante la práctica del ejercicio físico pero, si también sufres dificultades respiratorias durante el descanso, o cuando te mueves con normalidad, esto puede ser un síntoma de fallo cardíaco.

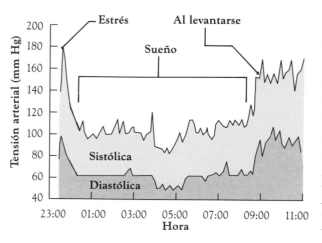

Un corazón sano
El ejercicio físico reduce el riesgo de padecer enfermedades cardíacas.

LA HIPERTENSIÓN SANGUÍNEA

Aproximadamente una de cada cuatro personas del mundo occidental sufre de hipertensión, incluso en estado de reposo. Si no se toman los medicamentos adecuados, existe el peligro de padecer un ataque cardíaco, un infarto u otras enfermedades circulatorias. Ya que éstas no siempre producen síntomas, es aconsejable que los adultos examinen su tensión sanguínea regularmente, por lo menos cada tres años. En cambio, la tensión baja no supone ningún problema a no ser que se deba a algún accidente o trauma reciente.

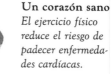

Alteraciones diarias
Las lecturas de la tensión sanguínea sistólica y diastólica fluctúan según la actividad, alcanzando su nivel más elevado durante los períodos de estrés, dolor o esfuerzo físico, y el más bajo, durante el sueño.

Tobillos hinchados

Es posible que la retención de líquido en los tejidos situados alrededor de los tobillos se deba a un fallo cardíaco.

Palpitaciones

Normalmente una sensación de agitación o de golpes en el tórax se deben simplemente a una excesiva observación de los latidos del corazón, por lo que resulta completamente inofensiva.

PRIMEROS AUXILIOS EN CASO DE UN ATAQUE CARDÍACO

Los primeros auxilios pueden salvar una vida. En caso de que una persona presente síntomas de un ataque cardíaco debes actuar como sigue:

• Llama inmediatamente a un médico.
• Afloja la ropa colocada alrededor del cuello y tórax.
• Deja descansar a la víctima.
• Si la respiración se detiene, aplica la respiración boca-a-boca (véase pág. 299).
• Si no tiene pulso, aplícale un masaje cardíaco.

¿SUFRO UN ATAQUE CARDÍACO?

Un ataque cardíaco ocurre en aquel instante en que un área del músculo cardíaco se ve severamente privado de oxígeno debido al bloqueo de una de las arterias coronarias. Cualquier síntoma doloroso que sufras durante el ejercicio físico y que se alivie con el descanso, puede ser causado por una angina de pecho (disminución del aporte sanguíneo al músculo cardíaco). Pero si el dolor no desaparece con el descanso y persiste durante más de 20 minutos posiblemente estés padeciendo un infarto.

Dolores torácicos

La mayoría de las víctimas de un ataque cardíaco padecen dolores torácicos: normalmente un dolor muy fuerte y obtuso, como si se les hubiera colocado un gran peso sobre el tórax, el cual dura más de 20 minutos.

Fiebre

Casi siempre se registra una fiebre ligera, que se inicia después de 12 horas y persiste durante una semana.

Ahogo

Normalmente la persona afectada se ahoga, hecho que empeora al permanecer tendido horizontalmente. En algunas ocasiones, la asfixia es el único síntoma del ataque.

Extensión del dolor

A veces el dolor se va extendiendo hasta el cuello, la mandíbula y el brazo izquierdo, con temblores o sensación de pesadez en ambos brazos.

Otros síntomas

Náuseas, con o sin vómitos, sudores y ansiedad.

¿CORRES EL PELIGRO DE SUFRIR UN ATAQUE CARDÍACO?

El riesgo de padecer un ataque cardíaco aumenta con la edad, es más frecuente entre los hombres que entre las mujeres, y es mayor si algún familiar tuyo ha sufrido uno antes de cumplir los 60 años.

No existe la posibilidad de alterar tus factores hereditarios, pero sí tu estilo de vida. Comiendo alimentos bajos en grasas y altos en fibra, y practicando ejercicio físico con regularidad, reduces el nivel de colesterol. Deja de fumar: este hábito incrementa el riesgo de padecer enfermedades cardíacas. Bebe poco alcohol: el exceso pone en peligro a tu corazón. Vigila tu peso. Aunque indirectamente, también la obesidad puede ser la causa de un ataque cardíaco, ya que aumenta la tensión sanguínea y el nivel de colesterol.

Los dolores torácicos durante la actividad deportiva

normalmente se deben a un simple esfuerzo muscular, a un nervio oprimido o a una articulación inflamada. No obstante si el dolor se agrava, persiste y aparecen otros síntomas, consulta a tu médico.

EXAMEN DEL CORAZÓN

Eʟ ᴍÉᴅɪᴄᴏ ᴜᴛɪʟɪᴢᴀ un fonendoscopio para efectuar un primer diagnóstico del corazón; el electrocardiograma (ECG) informa sobre su actividad eléctrica y, para averiguar su forma, tamaño, acción de bombeo, funcionamiento de sus válvulas y circulación se emplea un sofisticado equipo de ultrasonido.

La prueba más sencilla consiste en escuchar los latidos. Este sonido tan familiar se debe al cierre de las válvulas

El reconocimiento médico de las actividades coronarias revela las condiciones cardíacas.

que evitan el retorno de la sangre bombeada.

Simplemente escuchando los latidos, el médico averigua la existencia de una válvula defectuosa, un defecto congénito o un músculo cardíaco deteriorado. Sin embargo, no todos los sonidos

anormales revelan algún trastorno.

No obstante, el sonido del latido cardíaco no proporciona información sobre las enfermedades coronarias. Para éstas se recurre al ECG, a una prueba de estrés físico o a otros estudios más complejos.

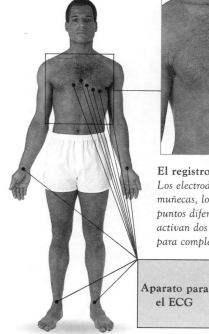

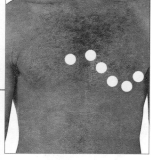

El registro del ECG
Los electrodos se conectan a las muñecas, los tobillos y en seis puntos diferentes del pecho. Se activan dos electrodos a la vez para completar un circuito con el aparato y se inicia el registro de la actividad eléctrica en forma de líneas onduladas.

Aparato para el ECG

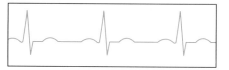

Lectura normal del ECG

Lectura anómala del ECG

Latidos anómalos
Normalmente, el deterioro del músculo cardíaco altera las ondas que aparecen en el registro del ECG. En este trazado, donde se reflejan seis derivaciones, el corazón late rápida e incorrectamente, como ocurre en el caso de las enfermedades cardíacas.

EL ELECTROCARDIOGRAMA

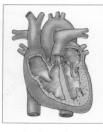

El electrocardiograma registra la actividad eléctrica del corazón, que le permite al médico diagnosticar toda una serie de diferentes trastornos. En una persona sana, el paso de los impulsos eléctricos por el músculo cardíaco registra una línea ondular con una configuración característica. En caso de la existencia de enfermedades coronarias, estas líneas varían específicamente de acuerdo con los síntomas. Pero el ECG no es solamente un registro, sino toda una serie de registros diferentes obtenidos con la aplicación de electrodos en diferentes partes del cuerpo, cada uno examinando la actividad eléctrica desde un ángulo diferente. El análisis del conjunto de registros no solamente facilita el establecer la naturaleza del trastorno, sino también la localización exacta del deterioro muscular.

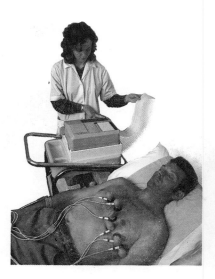

Cómo se obtiene un ECG
La persona a examinar debe estar tendida, relajada y tranquila, respirando con normalidad. La actividad cardíaca se registra bien directamente en la pantalla o impresa sobre el papel.

ESCUCHAR LOS LATIDOS DEL CORAZÓN

Para escuchar claramente el ruido emitido por cada una de las válvulas, se coloca el extremo del fonendoscopio en cuatro puntos diferentes que corresponden a cada una de las cuatro válvulas. Para evitar interferencias, te pedirán que aguantes la respiración o te tiendas sobre tu lado izquierdo.

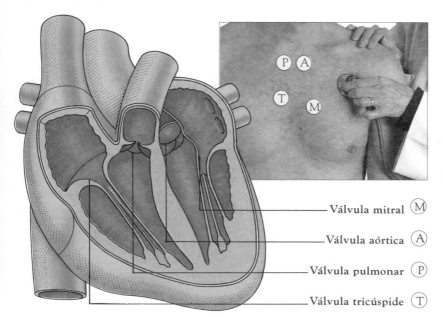

Válvula mitral Ⓜ

Válvula aórtica Ⓐ

Válvula pulmonar Ⓟ

Válvula tricúspide Ⓣ

ANÁLISIS POR SCANER

Para poder examinar la capacidad de bombeo del corazón, se inyecta en la corriente sanguínea una sustancia radioactiva. Al llegar al corazón, el cambio radioactivo refleja la diferencia, en lo que respecta al volumen sanguíneo, cuando ocurre la contracción y la relajación de las cavidades, es decir, la capacidad de bombeo del corazón.

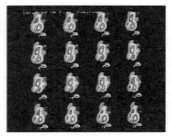

Fotografía del scaner *de un ciclo cardíaco completo.*

LA PRUEBA DEL ESFUERZO FÍSICO

Para poder comprobar la respuesta cardíaca bajo esfuerzo se registran los impulsos eléctricos del músculo cardíaco durante un período de tiempo de actividad física. La prueba se suspende si se presenta cualquier síntoma de fatiga.

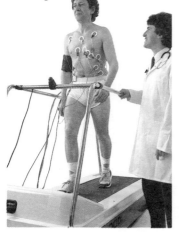

VIVIR CON UN CORAZÓN DELICADO

En la actualidad, muchas personas padecen condiciones cardíacas delicadas, sin que por ello dejen de disfrutar de una vida plena o se consideren minusválidos.

Cigarrillos
No fumes. El tabaquismo empeorará tu condición.

Ejercicio
La mejora de tu condición física es un beneficio para las funciones cardíacas y para tu circulación.

Obesidad
Si pierdes algún kilo que te sobre llevando una dieta pobre en calorías y realizando un programa de ejercicios fáciles, reduces el esfuerzo de tu corazón.

Relajación
Las actividades de descanso te relajan y reducen el estrés y la tensión.

Actividad sexual
Si tu condición física es lo suficientemente buena como para subir escaleras, también la actividad sexual es buena para tu corazón y tu felicidad.

Alcohol
Una o dos copas al día pueden ser aconsejables. Sin embargo, trata de no beber más. El alcohol afecta a los músculos cardíacos.

DATOS SOBRE EL CÁNCER

Millones de personas en todo el mundo sufren cáncer.

DESPUES DE LAS ENFERMEDADES cardiovasculares, el cáncer es la segunda causa más común de muerte en el mundo occidental. No obstante, los nuevos métodos de tratamiento y de diagnóstico precoz han reducido la incidencia de algunos tipos de cáncer. Sin embargo, la cifra de muertes en general sigue aumentando porque, simultáneamente, la cifra de los habitantes del mundo está en constante crecimiento. El cáncer es una enfermedad que predomina entre las personas de edad media o mayor. Con el aumento de la edad también se incrementa la incidencia de cáncer.

El cáncer de pulmón es el peor «asesino». Las cifras de muerte por su causa son cada vez mayores. En especial va aumentando entre las mujeres. No obstante, se pueden tomar ciertas medidas preventivas por la estrecha relación existente entre el cáncer de pulmón y el tabaquismo.

¿Qué es un cáncer?

El término «cáncer» incluye a, por lo menos, 200 enfermedades distintas, las cuales afectan a toda una serie de órganos y tejidos diferentes del organismo. El cáncer es una enfermedad consistente en el crecimiento anormal de las células.

¿Cuáles son sus causas?

Dentro de la materia genética de cada célula (ácido desoxirribonucléico) existen determinados genes que solamente se encargan del crecimiento y la multiplicación de la misma.

La exposición a un factor causante de cáncer puede cambiar la materia ge-

nética y transformar la célula normal en otra de crecimiento anormal, para convertirse en un tumor maligno. Entre las sustancias cancerígenas se cuentan el tabaco (véase pág. 104), algunos alimentos (véase pág. 76) y la radiación.

(véase pág. 104) ... (véase pág. 76)

TERMINOLOGÍA DEL CÁNCER

- **Carcinoma** —tumor maligno que se deriva de los epitelios glandulares.
- **Leucemia** —cáncer de los glóbulos blancos de la médula ósea.
- **Linfoma** —cáncer que afecta al tejido linfático
- **Mieloma** —cáncer del plasma en la médula ósea.
- **Sarcoma** —cualquier tipo de cáncer en los tejidos de soporte del organismo, como los músculos, tendones y huesos.

FRECUENCIA DE LOS DIFERENTES TIPOS DE CÁNCER EN EUROPA

En el gráfico inferior se relacionan los diez tipos de cáncer más frecuentes en ambos sexos. Sin embargo, cada año se registran nuevos casos y en diferentes puntos del organismo.

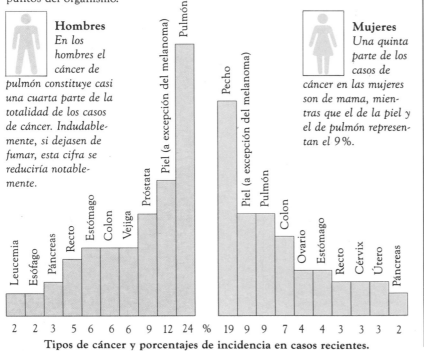

Hombres
En los hombres el cáncer de pulmón constituye casi una cuarta parte de la totalidad de los casos de cáncer. Indudablemente, si dejasen de fumar, esta cifra se reduciría notablemente.

Mujeres
Una quinta parte de los casos de cáncer en las mujeres son de mama, mientras que el de la piel y el de pulmón representan el 9 %.

Leucemia	Esófago	Páncreas	Recto	Estómago	Colon	Vejiga	Próstata	Piel (a excepción del melanoma)	Pulmón	%	Pecho	Piel (a excepción del melanoma)	Pulmón	Colon	Ovario	Estómago	Recto	Cérvix	Útero	Páncreas
2	2	3	5	6	6	6	9	12	24		19	9	9	7	4	4	3	3	3	2

Tipos de cáncer y porcentajes de incidencia en casos recientes.

LA RAPIDEZ DE SU CRECIMIENTO

El tamaño mínimo para que el cáncer sea detectable mediante rayos X, o con un scaner, es de un diámetro de 2 mm. El tumor que se ilustra abajo puede necesitar un año para que alcance un total desarrollo.

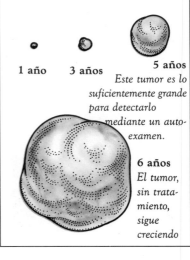

1 año   **3 años**   **5 años**
Este tumor es lo suficientemente grande para detectarlo mediante un autoexamen.

6 años
El tumor, sin tratamiento, sigue creciendo

¿Aumenta la incidencia del cáncer?

El cáncer no es una enfermedad nueva. Existen evidencias que señalan que los hombres primitivos ya lo padecían. El aparente aumento en la incidencia se debe, en parte, al hecho de que ahora se habla más sobre él, y a que la gente vive más años. El 70 % de los nuevos casos se presenta en personas mayores de 60 años.

¿Es hereditario?

Aún no se ha podido investigar a fondo el factor herencia. Sólo unos cuantos casos pueden atribuirse a factores hereditarios. Por ejemplo, el cáncer de mama no afectará a todos los miembros de la familia, lo cual hace suponer que existen otros factores determinantes, por ejemplo la alimentación.

¿Cómo se cura el cáncer en la actualidad?

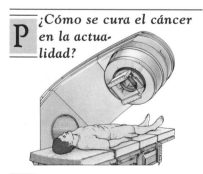

Casi todos los tipos de cáncer se intentan erradicar mediante intervenciones quirúrgicas, a través de tratamientos de radioterapia y una medicación anticancerígena para detener el crecimiento y la multiplicación de células cancerosas.

¿Son iguales todos los tipos de cáncer?

No, ningún caso es igual a otro. Estos varían tanto en rapidez de crecimiento, como en disposición para desarrollar un segundo tumor en otra parte del cuerpo (la metástasis) y en su respuesta al tratamiento.

¿Tiene el organismo algún anticuerpo natural u otras defensas?

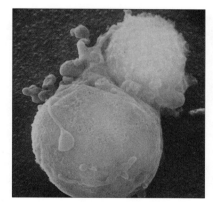

Si. El sistema inmunitario intenta combatir a las células cancerosas considerándolas cuerpos extraños, y envía a sus linfocitos T para que las destruya e impida su crecimiento.
Cualquier deterioro en el sistema inmunitario incrementa el peligro de desarrollar un cáncer.

¿Cómo se diagnostica el cáncer?

Habitualmente al examinar bajo el microscopio una muestra de tejido o líquido anormal, el patólogo sabe diferenciar si se trata de células sanas o cancerosas. También puede predecir si se trata de un cáncer de crecimiento rápido o lento.

¿Es el cáncer un elemento del proceso de envejecimiento?

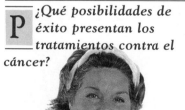

Con el paso de los años, el sistema inmunitario trabaja con una menor eficiencia para combatir a las células cancerosas. Por este motivo, casi una tercera parte de las personas mayores de 70 años desarrollan algún tipo de cáncer.

¿Por qué se pierde peso cuando se padece un cáncer?

Las personas enfermas de cáncer pierden peso, sobre todo durante las últimas fases de su enfermedad o después de la intervención quirúrgica. Esto puede deberse a una simple falta de apetito, aunque la razón principal es que los tumores precisan una gran cantidad de calorías y nutrientes para su consumo energético y su desarrollo.

¿Qué posibilidades de éxito presentan los tratamientos contra el cáncer?

Durante los últimos años se han logrado realizar grandes progresos. Hace años, las posibilidades de supervivencia eran mínimas, pero en la actualidad, el cáncer en los testículos, los ovarios, el útero, el linfoma de Hodgkin y la leucemia presentan un alto grado de curación. Los nuevos medicamentos también disminuyen los síntomas y los pacientes pueden seguir llevando una vida activa.

LA PREVENCIÓN DEL CÁNCER

PARA EL DIAGNÓSTICO PRECOZ del cáncer en su fase inicial debes conocer cuáles son los síntomas de alarma, autoexaminarte regularmente y hacerte los análisis correspondientes.

El diagnóstico precoz del cáncer equivale a una mayor probabilidad de curación.

El riesgo del cáncer

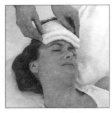

Según las últimas estadísticas, en un determinado momento de la vida, el cáncer afecta a una tercera parte de la población. El tratamiento tiene mayores probabilidades de éxito si se ataca en su fase inicial.

Los síntomas menores pueden ser muy variados: estado febril o malestar en general. Sin embargo, mientras que no persistan durante varios días, no es necesario que consultes a tu médico. En cambio existen otros síntomas más específicos, los cuales se han de tener muy en cuenta y, aunque no necesariamente confirmen un posible cáncer, deberías consultar a un médico para salir de dudas.

La expectoración de flema con puntos de sangre puede significar un cáncer de pulmón, sobre todo si fumas o has fumado con anterioridad. Consulta a tu médico inmediatamente. Normalmente la ronquera se debe a una laringitis, pero si persiste durante más de una semana o se repite con frecuencia, posiblemente tenga orígenes más graves.

Los bultos en cualquier parte del cuerpo

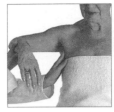

La aparición de bultos en cualquier parte del cuerpo sin motivo aparente es uno de los síntomas más importantes de cáncer, aunque la mayor parte de ellos no sean cancerosos. No obstante, un mínimo de riesgo ya es suficiente para que consultes a tu médico. Las mujeres deben autoexaminar sus mamas por lo menos una vez al mes. El cáncer de mama en su fase inicial es más fácil de curar.

Un examen cuidadoso

Debes examinar cada zona de tu cuerpo. Por ejemplo, los hombres con barba también han de palpar la piel debajo de ella.

AUTOEXAMEN

Ya que tú eres la persona más familiarizada con el aspecto, la forma y las sensaciones de tu cuerpo, también eres el más indicado para percibir cualquier cambio importante que podría ser un cáncer incipiente u otro trastorno de salud. Las mujeres han de examinar sus mamas regularmente (véase pág. 274) y los hombres, sus testículos, para detectar la posible formación de bultos u otras irregularidades y alteraciones. El examen exhaustivo de la piel también puede resultar vital (véase pág. 270) para evitar el cáncer de piel.

POSIBLES SÍNTOMAS DE CÁNCER

Si descubrieras cualquiera de los siguientes síntomas, consulta a tu médico cuanto antes:

• Una costra, una llaga o úlcera en la piel, fuera o dentro de la boca o nariz.
• Un bulto en el pecho, alteraciones en la configuración de la mama o la producción de algún líquido incoloro, o mezclado con sangre, por parte del pezón.

• Cambios en la forma o el tamaño de un testículo.
• Una verruga o un lunar que crece, produce picor o sangra.
• Hematomas sin motivo aparente.
• Hemorragia rectal.
• Hemorragia vaginal entre los períodos, después del acto sexual o después de la menopausia.
• Tos con sangre o flemas mezcladas con sangre.
• Sangre en la orina.

Las glándulas inflamadas en el cuello, a causa de una infección, causan dificultades para tragar. Si estos síntomas persisten o empeoran, consulta a tu médico para confirmar que no se trate de un cáncer de esófago.

El abdomen y el intestino

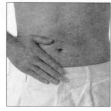

Normalmente los dolores abdominales persistentes no guardan ninguna relación con el cáncer, sino que se deben a otros síndromes intestinales, como piedras en la vesícula biliar, úlceras pépticas o similares.

Sin embargo, una alteración repentina en tus hábitos intestinales, que no se deba a un cambio en la alimentación u otra enfermedad menos importante, debe indicarse al médico. En la mayoría

---

NO LO RETRASES

Si observas cualquier posible síntoma de cáncer, no lo ignores. Existe una probabilidad mucho mayor de que se trate de otro trastorno cualquiera y no de un cáncer. No obstante, no retrases tu consulta al médico: tal vez tus temores sean infundados. Si la retrasas, reduces las probabilidades de una detección precoz.

---

de los casos se trata de un trastorno intestinal, no cancerígeno, pero es importante que se excluya toda probabilidad de un tumor maligno.

Consulta a tu médico si pierdes sangre por el recto. Posiblemente sean hemorroides o alguna pequeña herida en la piel alrededor del ano. Si la sangre aparece mezclada con las deposiciones, existe la posibilidad de que se trate de un cáncer intestinal.

Otros síntomas

La pérdida de peso sin motivo aparente puede ser síntoma de cáncer, aunque también existen muchas otras causas, como la depresión. Una hemorragia vaginal entre las menstruaciones, después de la actividad sexual o después de la menopausia, podrían ser indicios de un cáncer de útero o de cérvix, así que consulta a tu médico.

Los dolores de cabeza persistentes y recurrentes muy rara vez se deben a un tumor cerebral. Pero si así fuera, los dolores se harían cada vez más fuertes, sobre todo durante el día, e irían acompañados por otros síntomas neurológicos, por ejemplo, debilidad muscular o pérdida de coordinación.

EXAMEN MÉDICO Y ANÁLISIS

Existen diversos tipos de análisis que permiten detectar determinados tipos de cáncer antes de que se perciban los primeros síntomas, de modo que el tratamiento puede iniciarse en el momento de mayor efectividad. Sin embargo, aún se realizan investigaciones que analizan cuándo y a qué edad se deberían hacer esos análisis.

PRUEBA	FRECUENCIA	MOTIVO	MOTIVOS PARA REPETIRLA CON MAYOR FRECUENCIA
Prueba de Papanicolau	Anualmente, o cada tres años, para todas las mujeres entre 18 y 64 años.	Detecta la formación de células anormales que podrían desarrollar un cáncer de cérvix.	Si el resultado anterior ha mostrado alguna anomalía o si te lo prescribe el médico.
Mamografía	Entre uno y tres años, a partir de los 40 años.	Detecta el cáncer de mama en sus inicios.	Si has sufrido cáncer de pecho o tienes antecedentes familiares.
Sangre en las deposiciones	Anualmente después de los 45 a 50 años	Para la detección de anomalías en el intestino bajo.	En individuos de mayor riesgo (aquellos con colitis o pólipos en el colon).
Sigmoidoscopia / colonoscopia	Todos a los 60 años.	Para la detección de anomalías en el intestino bajo.	Cada tres años si padeces colitis o pólipos en el colon.

VIGILA TU PIEL

Todas las personas deberían examinar su piel regularmente; los cambios revelan problemas de salud e, incluso, síntomas de un cáncer.

TU PIEL Y EL SOL

Las arrugas en la piel se desarrollan mucho antes en todas aquellas personas que toman mucho el sol y durante largos períodos de tiempo. Esto se debe al desgaste de los tejidos elásticos debajo de la epidermis. La excesiva exposición a los rayos solares también aumenta el riesgo de contraer cáncer de piel.

AUNQUE LA incidencia de cáncer de piel ha ido creciendo durante los últimos diez años, muchos casos se hubieran podido evitar tomando menos sol. Afortunadamente, la mayoría de estos cánceres son curables si se tratan a tiempo. Por lo tanto, es vital que examines tu piel cuidadosamente para detectar cualquier cambio.

Todas las personas deberían examinar su piel con regularidad, aunque algunas personas tienen una mayor tendencia a desarrollar cáncer de piel que otras. Todos los rubios y con una piel delicada, de más de 30 años de edad, que hayan tomado el sol sin la protección adecuada, deben autoexaminarse con mayor atención.

Cómo realizar el examen

Escoge una habitación bien iluminada, a ser posible con un gran espejo. Utiliza un espejo de mano para ver las zonas poco accesibles.

Examina cuidadosamente el aspecto de toda tu piel. Para detectar hasta los cambios más pequeños, dibuja un gráfico de tu cuerpo, tanto de la parte delantera como de la trasera, sobre una hoja de papel y anota en él todos tus lunares y marcas. Cada vez que repitas tu examen, mantén tus referencias a mano. Todas aquellas zonas que más se exponen al sol deben examinarse con una mayor atención, incluyendo el cuero cabelludo. Los hombres también han de examinar la piel que se halla debajo de la barba. No obstante, el cáncer de piel puede aparecer en cual-

No todos los cambios son sospechosos
Las manchas en la piel no suelen tener un origen canceroso. Muchas veces son síntomas de otros trastornos cutáneos o, sencillamente, parte del proceso natural de envejecimiento.

quier parte del cuerpo, incluso en las plantas de los pies, las cuales no se exponen al sol.

Síntomas sospechosos
Cualquier alteración que pueda representar el inicio de un cáncer, incluso un cambio repentino del color o de la textura de la piel (puntos oscuros debajo de una uña podrían ser una señal de alarma de un melanoma maligno), una llaga o ulceración que no cicatriza, un lunar que produce picor, sangra o cambia de forma, tamaño o color debe examinarse con atención.

PREVENCIÓN DEL CÁNCER DE PIEL

- Toma el sol, pero con moderación. Si tienes una tez clara, empieza con una exposición de quince minutos, cuando el sol es intenso. Increméntalo progresivamente en 30 minutos por día, durante la primera semana.
- Permanece en la sombra entre las 10.00 y las 14.00 hrs., cuando el sol es más intenso y quema más.
- Usa un sombrero protector y ropa ligera.
- Utiliza un filtro solar con un elevado factor de protección.
- Recuerda que la luz solar se refleja en el agua, la arena y la nieve.
- No abuses de los rayos ultravioleta para broncearte. También pueden quemar tu piel.

CÓMO RECONOCER UN MELANOMA MALIGNO

Un melanoma maligno es un tipo de cáncer de piel que puede extenderse a otras partes del cuerpo. Si no se diagnostica desde su inicio, puede tener un desenlace fatal. Normalmente se desarrolla en una zona de la piel que se expone al sol con frecuencia y crece a partir de un lunar ya existente.

Lunar sano - *pequeño, marrón, circular, plano y casi simétrico.*

Lunar enfermo - *de forma irregular, color más oscuro y mayor tamaño. Busca también los lunares de nueva aparición*

¿QUÉ ES UNA BIOPSIA DE LA PIEL?

Probablemente el médico te practique una biopsia para averiguar las posibles causas de una anomalía cutánea. Bajo anestesia local, se extrae una pequeña sección de piel que se analiza posteriormente. Si se sospecha de la existencia de algún tipo de cáncer, también se eliminan las zonas adyacentes.

ENFERMEDADES COMUNES DE LA PIEL

Al examinar tu piel también puedes encontrarte con algunas otras enfermedades dermatológicas que, aunque molestas, no son graves y tienen un tratamiento y un remedio fácil. En cualquier caso, sean picores persistentes, enrojecimientos molestos o granos, consulta a tu dermatólogo. No te automediques. Es mejor consultar al especialista.

Micosis
Esta infección por hongos aparece como un anillo rojo escamoso, produciendo picor. Los hongos pertenecen al mismo grupo que aquellos que originan el pie de atleta y se anidan en los pliegues de la piel, por ejemplo, debajo del pecho. El remedio son los fármacos antifungicidas.

Dermatitis alérgica
Las reacciones alérgicas causan enrojecimiento, inflamación y picor en la piel. Para su tratamiento se recetan ungüentos a base de esteroides y antihistamínicos.

Psoriasis
Esta enfermedad crónica de la piel se caracteriza por la inflamación y descamación de la piel. Su origen radica en el crecimiento anormalmente rápido de las células situadas debajo de la epidermis. Existen un sinfín de diferentes medicamentos en forma de pomadas o en pastillas que reducen la formación excesiva y molesta de estas nuevas células.

Impétigo
Normalmente esta infección bacteriana afecta a la zona alrededor de la nariz y la boca, donde aparecen minúsculas ampollas que se abren y forman una costra.

Eccema
La causa de esta inflamación dermatológica sigue siendo desconocida. Sus manchas circulares y escamosas se parecen a la micosis, aunque no se originan por hongos. Para aliviar el malestar se recetan pomadas a base de esteroides.

TRASTORNOS BUCALES E INTESTINALES

Tu boca y tus intestinos son elementos vitales para mantener una buena salud general.

AMBOS EXTREMOS de tu aparato digestivo, la boca y el intestino, pueden examinarse fácilmente en cualquier reconocimiento médico. Verificando regularmente el interior de tu boca y permaneciendo atento a cualquier alteración de tu actividad intestinal controlas una parte importante de tu organismo y de tu salud.

Cuándo consultar al médico

La actividad del intestino puede ser muy variable. Puedes tener dos evacuaciones diarias o solamente una por semana. Habitualmente los cambios se deben a trastornos gástricos, pero también pueden encontrar su origen en una colitis, el síndrome de colon irritable o el cáncer intestinal. Por lo tanto, en caso de alteraciones persistentes en tu actividad intestinal consulta a tu médico.

También la composición de las deposiciones revela determinados trastornos. Consulta a tu médico en caso de que las heces muestren un color claro, estén demasiado abultadas, grasas, huelan muy mal, floten o tengan un color negro y cuando contengan restos de sangre.

Más de un 90% de los casos de cáncer de colon o recto se inician en las personas de más de 50 años, en forma de pólipos en la membrana del intestino. Por este motivo, a todos los que superen los 50 años se les recomienda realizar un examen anual.

ADVERTENCIA
Todas las personas que presentan un mayor riesgo de contraer cáncer de colon o de recto (los que padecen de colitis ulcerosa, pólipos en el colon o que posean antecedentes familiares de cáncer intestinal) deben practicarse un examen anual antes de llegar a los 50 años.

EXAMINA TU BOCA

Colócate delante de un espejo en una habitación bien iluminada y examina tus labios, tus encías, tu lengua, tus dientes y todo el interior de tu boca. Si detectas cualquiera de los síntomas descritos a continuación, consulta a tu médico o a tu dentista.

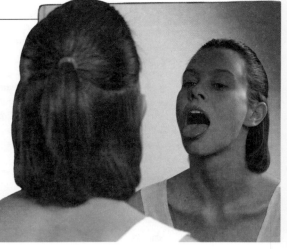

Infección en la boca
Las manchas blancas sobre la lengua o en el interior de la boca pueden deberse a una infección por hongos.

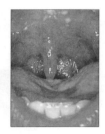

Lengua dolorosa
La anemia o la falta de vitaminas son la causa de una lengua dolorosa, demasiado roja y tersa.

Encías sangrantes
Las encías inflamadas, rojas y sangrantes revelan los primeros síntomas de una enfermedad bucal por falta de higiene. Cuida mejor tu boca.

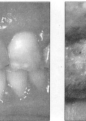

Labios
Las ampollas dolorosas sobre los labios o en la parte interior de la boca pueden deberse a un herpes.

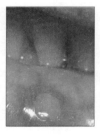

Úlceras bucales
La mayoría de las úlceras desaparecen después de unos cuantos días, pero si vuelven o persisten pueden ser síntoma de un trastorno más grave.

Dientes gastados
El desgaste grave y la reducción del tamaño de los dientes revela que la víctima muerde y muele sus dientes durante el sueño nocturno.

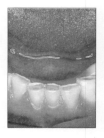

SÍNTOMAS DE CÁNCER BUCAL

Consulta a tu médico:
• Si tienes una úlcera que sangra o una zona ulcerada dentro de la boca que tarda más de tres semanas en curar.
• Si tienes una mancha blanca, un bulto o una inflamación.
• Si tienes puntos sangrantes en el interior de tu boca o garganta, u otras partes dolorosas o entumecidas sin motivo aparente.

LA FIBRA Y EL CÁNCER INTESTINAL

Una alimentación rica en fibra reduce la incidencia de cáncer de colon y de recto. Existen evidencias que señalan que los cánceres en el intestino grueso son más frecuentes en aquellas personas que poseen una baja actividad intestinal. Al acelerar el paso de la materia fecal por los tubos digestivos, la fibra reduce el tiempo que las sustancias causantes del cáncer permanecen en contacto con las membranas intestinales.

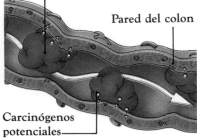

Heces

Pared del colon

Carcinógenos potenciales

Heces duras y secas
Una dieta baja en fibra tiene como consecuencia la formación de heces secas y duras que, por carecer de líquido, tardan más en atravesar el intestino, por lo que los carcinógenos potenciales permanecen más tiempo en contacto con las paredes intestinales.

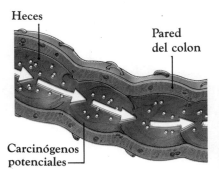

Heces

Pared del colon

Carcinógenos potenciales

Heces blandas y fluidas
Una dieta rica en fibra, compuesta por alubias, pan integral, maíz y fruta incrementa la cantidad de heces acelerando el proceso de paso por el intestino y reduciendo el riesgo de contraer cáncer.

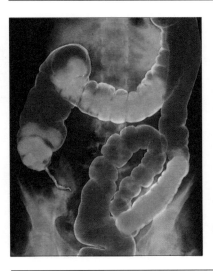

RAYOS X CON BARIO

Las paredes intestinales no se reflejan en la pantalla de los rayos X, así que deben cubrirse con bario, el cual es opaco a los rayos X, para poder observar cualquier tipo de anomalía. El sulfato de bario se diluye en agua y se administra en forma de enema o mediante ingestión. Normalmente son necesarias hasta 5 horas para que el bario ingerido llegue a las paredes intestinales, mientras que el enema de bario sólo tarda 25 minutos.

Examen intestinal con rayos X
El bario facilita la observación del intestino en detalle, empleando rayos X.

SANGRE EN LA MATERIA FECAL

La presencia de una ínfima cantidad de sangre en las heces puede detectarse con un indicador químico que reacciona frente a la sangre. Sobre una pieza de papel químicamente tratado se aplica una fina capa de heces. En caso de que contengan restos de sangre, al momento de añadirles una gota de un agente oxidante se tornan azules.

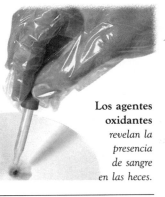

Los agentes oxidantes *revelan la presencia de sangre en las heces.*

LA COLONOSCOPIA Y LA SIGMOIDOSCOPIA

Para examinar y explorar las paredes del colon se utiliza un tubo largo y flexible (el colonoscopio). Este tubo altamente lubricado entra por el ano y el recto, hasta el colon. A través de la mira, el médico puede ir explorando cada una de las áreas del interior del colon, recogiendo muestras de pólipos y úlceras para proceder a su análisis. El procedimiento que se utiliza con el sigmoidoscopio es similar, sólo que se examina la parte baja del intestino.

Exploración con el colonoscopio
Mediante la inserción de un tubo en el colon, el médico puede ver y retirar pólipos para proceder a su análisis.

EL EXAMEN DE LAS MAMAS

LAS DIMENSIONES, la forma y la textura de las mamas varían ampliamente entre mujer y mujer. Si cada mes autoexaminas las tuyas, llegarás a conocer a fondo sus características, por lo que te será más fácil percibir cualquier cambio repentino.

Detección de un bulto

Tan pronto descubras un bulto u otro cambio en tus mamas, consulta a tu médico. Preocupándote por el hallazgo, solamente conseguirás perder el tiempo. Recuerda que un 90 % de los bultos en las mamas no son cancerosos.

El examen médico y la mamografía

Todas las mujeres cuya edad supere los 20 años deben autoexaminar sus mamas cada mes.

con ultrasonido te confirman si se trata o no de un cáncer. En caso negativo, podrás dejar de preocuparte. Pero si fuese positivo, este diagnóstico precoz te proporciona una gran ventaja, ya que su tratamiento será mucho más efectivo.

Otras pruebas

Los bultos benignos y los cancerosos tienen el mismo tacto, incluso para un

médico experimentado, de modo que se precisan otras pruebas, tales como un ultrasonido, rayos X o una biopsia. Si la biopsia revela un tumor benigno, no se precisa ningún tratamiento posterior. Pero si es maligno, o si persiste la duda, se extrae el bulto quirúrgicamente y se aplica radioterapia, quimioterapia y, ocasionalmente, otras terapias hormonales.

EL AUTOEXAMEN DE LAS MAMAS

Examina tus mamas cuando haya finalizado la menstruación y cuando ya no estén hinchadas. Es importante que lo repitas cada mes para detectar inmediatamente cualquier posible alteración. Algunas mujeres, por naturaleza, tienen varios bultos en sus mamas.

Pero no solamente debes buscar bultos: también tienes que observar la posible producción de líquidos por parte del pezón o manchas en el pecho semejantes a la piel de naranja, que son otros síntomas alarmantes.

1 Colócate delante de un espejo grande, con los brazos sueltos a ambos lados. Analiza con detenimiento el aspecto, el tamaño y el contorno de cada una de tus mamas. Obsérvalas bien para poder detectar posibles alteraciones; estudia cuál de las dos está más caída, cuál es la forma de tus pezones o si la piel presenta alguna otra característica. Después levántalas suavemente para observar la parte inferior.

Bulto

— Pezón invertido

— Formación de hoyuelos en la piel

Producción de líquidos de color o mezclados con sangre

¿Qué es lo que debes controlar?

El aumento del tamaño, la formación de hoyuelos, los cambios de tamaño del pezón, la configuración y el color.

2 Levanta primero un brazo y busca los hoyuelos. Revisa bien todo el contorno. Después levanta ambos brazos a la vez y examina tus pezones: ambos deben desplazarse hacia arriba y a la misma altura.

LA MAMOGRAFÍA

La mamografía es un tipo de examen por rayos X que visualiza la estructura interna de las mamas. Se examina cada una de las mamas colocándolas sobre una película de rayos X y cubriéndolas con un plástico que aplana los tejidos. Normalmente este procedimiento es completamente indoloro y la cantidad de radiación es mínima. Se aplica cuando el tumor sigue siendo demasiado pequeño para detectarlo con los dedos.

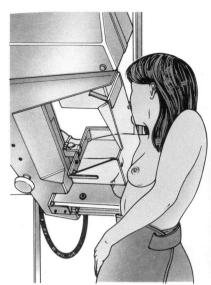

ADVERTENCIA

El cáncer de mama es el más común entre las mujeres. Cuanto más pronto se detecte y se trate, mayores son las posibilidades de una recuperación completa.

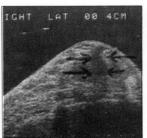

Examen de ultrasonido *para analizar las mamas. Este procedimiento, completamente indoloro, revela la existencia de bultos.*

3 Para examinar la mama derecha, recuéstate en una posición relajada, colocando la mano derecha detrás de tu cabeza. Con las puntas de tus tres dedos largos de la mano izquierda recorre el trayecto desde la axila o lo largo de la parte inferior de tu pecho hasta el centro del tórax. A continuación cruza la mitad superior del pecho para, finalmente, cruzarlo por el centro pasando por el pezón y siempre ejerciendo una suave presión.

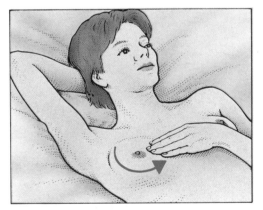

EXAMINANDO TUS MAMAS

Cambios que tú misma puedes detectar con un autoexamen

• Un bulto o una zona con varios bultos.
• Un aumento en el tamaño de una sola mama.
• Hoyuelos o pliegues en la piel.
• Un pezón invertido (a no ser que ello sea normal en tu caso).
• Un sarpullido o cambios en la textura de la piel.
• Inflamación de la parte superior del brazo o de la axila.
• Glándulas linfáticas inflamadas.
• Dolor persistente en una determinada parte de la mama.

4 Después de haber examinado la mama, analiza la axila y la clavícula para comprobar la posible existencia de bultos o inflamaciones. A continuación repite la misma operación con la mama izquierda, utilizando la mano derecha.

5 Para ayudarte a palpar toda la mama y facilitarte la tarea de describir cualquier posible cambio que puedas encontrar, divide cada pecho en cuatro cuartos imaginarios, con el pezón como centro. Con el seguimiento regular de estos exámenes, muy pronto sabrás qué es lo normal para tus mamas.

FROTIS CERVICAL: TEST DE PAPANICOLAU

Se cree que desde su introducción, hace más de cuarenta años, esta prueba ha salvado miles de vidas.

CUALQUIER POSIBLE alteración en el cérvix puede confirmarse con un frotis cervical. Estos cambios «precancerosos», conocidos como displasia, se detectan y tratan con facilidad, evitando de este modo el desarrollo del cáncer.

Un frotis anormal no implica un cáncer. La anomalía más frecuente es una pequeña displasia en la que las células anómalas desaparecen después de unos cuantos meses. Si esto ocurre, no se precisa ningún tratamiento. Pero si la displasia persiste, la mayoría de los médicos insisten en la aplicación de un tratamiento adecuado. Pero si la displasia es grave, se realizan exámenes posteriores, empleando un colposcopio: una especie de microscopio de alta potencia, con luz propia, que permite el reconocimiento de la superficie cervical.

No obstante, cuando no se detecta un precáncer cervical y, consecuentemente, éste no se trata, puede desarrollarse un cáncer cervical. Probablemente una de cada tres mujeres que sufran un precáncer grave desarrollará un cáncer común. Sin embargo, no hay forma de predecir quién lo desarrollará, de modo que todas las mujeres en estas condiciones deben someterse al tratamiento.

FRECUENCIA DEL FROTIS

Algunos médicos recomiendan que todas las mujeres sexualmente activas cuyas edades oscilen entre los 18 y los 64 años deben someterse a esta prueba cada 5 años. Sin embargo, como el resultado no es del 100 % exacto, y como la enfermedad se extiende con mucha rapidez, los ginecólogos recomiendan una mayor frecuencia. Debes someterte al primer frotis a los seis meses de iniciar tus relaciones sexuales. El segundo, un año más tarde y, después, cada tres años, si el resultado es normal.

EL TEST DE PAPANICOLAU

Aunque con frecuencia se ha comentado la conveniencia de esta prueba, todavía existen muchas mujeres que no acuden regularmente al ginecólogo para someterse a ella. La prueba en sí es un procedimiento sencillo e indoloro que permite la detección inmediata de cualquier anomalía en las células de la superficie del cérvix, antes de que aparezca el cáncer. Si se detecta la enfermedad en ese punto del desarrollo, se puede curar perfectamente mediante un tratamiento sencillo. No obstante, debes someterte a las pruebas con regularidad.

EL EXAMEN QUE SALVA VIDAS

El test del cáncer cervical salva muchas vidas ya que permite realizar la detección precoz de cualquier alteración en el cérvix en su fase inicial. Algo más de la mitad de las mujeres europeas que sufren un cáncer cervical invasivo han sobrevivido durante más de 5 años, mientras que un 100 % de mujeres cuyos precánceres fueron detectados a tiempo siguen llevando una vida normal.

1 Probablemente el ginecólogo o su enfermera te pedirán más datos sobre tu última menstruación, sobre cuántos hijos has tenido, qué método anticonceptivo utilizas y cuál ha sido el resultado de tu último frotis.

Hemorragia después del acto sexual
Es sumamente importante que te hagas un frotis cervical si padeces este tipo de trastorno.

AVERIGUA TU NIVEL DE RIESGO

Si contestas «SÍ» a más de una de las siguientes preguntas corres el riesgo de contraer un cáncer cervical y deberías someterte a la prueba con mayor frecuencia.

- ¿Has iniciado tus relaciones sexuales siendo muy joven?
- ¿Tú, o tu pareja, habéis tenido muchas parejas diferentes?
- ¿Has estado expuesta a un virus genital? (algunos tipos pueden ser peligrosos)
- ¿Fumas?
- ¿Alguno de tus frotis te ha dado un resultado positivo?

QUÉ ASPECTO PRESENTA EL FROTIS

Se examinan las células bajo el microscopio para detectar cualquier anomalía. En caso de que exista alguna, se realizan otras pruebas posteriores, tales como la colposcopia, para averiguar con exactitud lo que pueden implicar estas alteraciones.

Frotis normal   **Frotis anormal**

2 Se inserta suavemente el espéculo por la vagina para mantenerla abierta, de forma que el médico o la enfermera pueda observar el cérvix. Posiblemente se emplee un lubricante para facilitar la inserción. A continuación se analiza si el cérvix muestra alguna señal evidente de anomalía y con una espátula se recogen algunas células de su superficie.

3 Se recogen las células de la espátula para colocarlas sobre un portaobjetos de cristal.

Y DESPUÉS, ¿QUÉ PASA?

Si tu médico ha descubierto algunas células anormales posiblemente te llame para examinarte con el colposcopio. Este instrumento amplía e ilumina el cérvix. Si detectase síntomas precancerosos, te someterán a una biopsia, la cual se volverá a analizar en el laboratorio. A continuación se te aconsejará el tratamiento más adecuado para tu caso. Si realmente existe la posibilidad de que padezcas un cáncer, te ingresarán en una clínica para hacerte más exámenes.

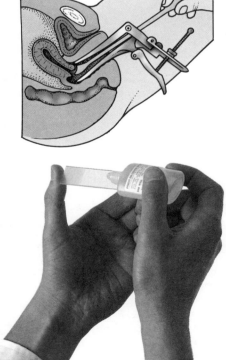

4 Después de aplicar las células recogidas sobre el portaobjetos y haberlas cubierto con un fijador se envían al laboratorio para su análisis.

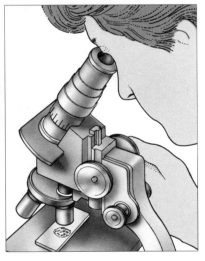

5 Un médico especialista examina cada muestra con el microscopio y se comunica el resultado a tu médico o clínica.

LOS ANTICONCEPTIVOS

EXISTEN DOS TIPOS BÁSICOS de anticonceptivos: la barrera, que evita que los espermatozoides lleguen al óvulo de forma física como ocurre en el caso de los condones, o químicamente, como en el caso del espermicida; y el método hormonal, es decir, los anticonceptivos orales, en forma de píldora, que evitan la ovulación y, así, la concepción. La vasectomía y la esterilización son métodos permanentes sólo para aquellos que no desean tener más hijos.

Los anticonceptivos permiten realizar una planificación familiar y disfrutar del acto sexual sin temor al embarazo.

Existen diversos espermicidas: *cremas, pesarios, espumas o geles que destruyen químicamente los espermatozoides. La mayoría de ellos también matan el virus del SIDA. Por sí solos no suelen ser muy efectivos, pero utilizados en combinación con un condón o un diafragma dan buenos resultados.*

El dispositivo intrauterino (DIU) *se inserta en el útero. Desempeña la función de un anticonceptivo debido a la producción de una reacción inflamatoria en las membranas del útero que detiene la implantación de un óvulo fecundado.*

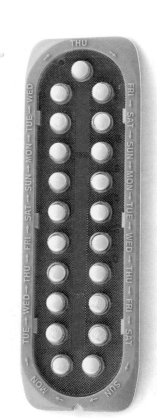

La píldora anticonceptiva *contiene dos hormonas sexuales femeninas sintéticas que previenen la ovulación. La píldora sigue siendo el anticonceptivo más efectivo pero tiene varios efectos secundarios. No deben tomarla las mujeres fumadoras, ni las mayores de 35 años, ni las diabéticas, ni aquellas que sufren de hipertensión o que tienen algún familiar enfermo del corazón o que haya sufrido trombosis. La minipíldora, a base de progesterona, debe tomarse con estricta regularidad.*

PLANES PARA EL FUTURO

Nuevos métodos anticonceptivos actualmente en desarrollo: un anillo vaginal con progesterona sintética de tres meses de duración, el condón femenino, implantes hormonales y parches cutáneos.

El condón *se puede adquirir en cualquier farmacia. Consiste en una funda de fina goma látex, normalmente lubricada, con una tetilla en su extremo para retener el semen eyaculado. El condón se aplica sobre el pene en erección antes de la penetración, ya que podrían salir espermatozoides antes de la eyaculación. Los condones también protegen contra las enfermedades de transmisión sexual, tales como la gonorrea o el SIDA.*

El diafragma vaginal *es una cúpula de goma fina, con un muelle metálico en forma de espiral en el borde externo. Se coloca diagonalmente desde detrás del cérvix sobre la pared frontal de la vagina, hacia el borde sobre el hueso en la parte delantera de la pelvis. Se debe utilizar en combinación con un espermicida y ser introducido por el ginecólogo o una enfermera.*

La esponja vaginal *es una esponja circular fabricada a base de espuma de poliuretano, impregnada con espermicida, que se humedece e introduce en la vagina antes del acto sexual. Al igual que el diafragma, debe dejarse colocada durante las seis horas posteriores a la relación sexual. Tiene un asa que facilita su extracción.*

LOS DIFERENTES MÉTODOS ANTICONCEPTIVOS Y SU EFICACIA

La eficacia de cada uno de estos métodos anticonceptivos se ha medido a través del número de embarazos ocurridos, de promedio, entre 100 mujeres sanas que han empleado ese método durante un año.

MÉTODO	EMPLEO PERFECTO	EMPLEO OCASIONAL
Píldora combinada	menos de 1	1-2
Minipíldora	menos de 1	1-4
Condones y espermicida	2	2-15
Diafragma y espermicida	2	2-15
Espermicida solo (incluyendo esponja)	5-15	15-30
Inyección de hormonas	menos de 1	s.r.
DIU	1-3	s.r.
Métodos naturales	2	2-20
Interrupción («marcha atrás»)	5	20
Ningún tipo de anticoncepción	90	s.r.

Los anticonceptivos inyectables *contienen una hormona de progesterona sintética y proporcionan seguridad durante un período de tres meses. Tienen efectos secundarios, tales como menstruaciones fuertes e irregulares, así como aumento de peso.*

Los métodos naturales *implican el registro diario de la temperatura matinal del cuerpo. La ovulación origina un incremento de la temperatura. También se aprecia una alteración en el flujo vaginal. Estos cambios deben registrarse durante varios meses para determinar la fecha de la ovulación. Durante estas fechas, la mujer está en su momento más fértil y el acto sexual debe evitarse.*

EL ANTICONCEPTIVO DE EMERGENCIA

En algunas clínicas existe la píldora de «el día después», que consiste en una elevada dosis de estrógeno y progesterona, las cuales, ingeridas en un plazo máximo de 72 horas después del contacto sexual, evitan la implantación del óvulo fecundado en el útero.

INVESTIGACIÓN DE LA GENÉTICA

ARBOL GENEALÓGICO CON FIBROSIS QUÍSTICA

Los genes de la fibrosis quística son hereditarios. Si ambos padres son portadores de este gen, un promedio de uno de cada cuatro hijos será normal, dos de cuatro serán portadores y uno padecerá la enfermedad. Para determinar cuál corre el mayor riesgo se traza el árbol genealógico hasta la tercera generación precedente. Se pueden ver las personas con y sin fibrosis quística y se resalta la relación consanguínea existente entre las parejas.

Fallecido durante la primera infancia

TRASTORNOS GENÉTICOS

Todos portamos entre 6 y 10 genes defectuosos, los cuales pueden resultar perjudiciales para nuestros hijos si nuestra pareja tiene los mismos genes defectuosos.

CLAVE

◑ Enfermo de fibrosis quística.

○ Sin gen de fibrosis quística.

◔ Portador del gen de la fibrosis quística.

Los trastornos cromosómicos como el síndrome de Down ocurren en aproximadamente uno de cada cincuenta embarazos en mujeres mayores de 40 años.

L A ASESORÍA GENÉTICA informa a las parejas sobre la probabilidad de tener un hijo con determinados trastornos hereditarios. Esta asesoría explica el tipo de trastorno, la forma de transmisión y la frecuencia con que se presenta en la familia o las posibilidades de transmitirlo.

¿Quién necesita esta asesoría?

Tener un hijo que padezca un trastorno hereditario es motivo para pedir consejo. Otras razones pueden ser: un miembro familiar que padece defectos hereditarios; pertenencia a un grupo étnico que posee un mayor riesgo de sufrir trastornos genéticos; matrimonio con un pariente consanguíneo; o abortos repetidos sin motivo aparente.

El especialista investigará todo sobre ambas familias. Si la pareja ya tiene un hijo anormal, se les plantearán las preguntas pertinentes para averiguar el factor determinante de la anormalidad, como la exposición a las radiaciones, una posible infección o medicamentos ingeridos durante el embarazo, los cuales puedan haber causado esa anomalía.

Tomar una decisión

Cuando se hayan investigado todos los posibles riesgos, posiblemente algunas parejas decidan no tener hijos, por lo que se les informa de los métodos anticonceptivos y la esterilización. Otras parejas deciden arriesgarse. Si las pruebas durante el embarazo confirman la anomalía, los padres están a tiempo de interrumpir el embarazo.

ANÁLISIS DE LOS CROMOSOMAS

En el feto se pueden realizar determinados análisis que permiten detectar las anormalidades cromosómicas, tales como el síndrome de Down.

1 De las células del feto que se obtienen mediante la amniocentesis o la biopsia coriónica se hace un cultivo y se estudia su división.

```
XX XX XX        XX XX
1  2  3         4  5
XX XX XX XX XX XX XX
6  7  8  9  10 11 12
XX XX XX        XX XX XX
13 14 15        16 17 18
XX XX   XX XX        XX
19 20   21 22        XY
```

2 Estas células se extienden sobre un portaobjetos antes de ser examinadas con un microscopio de alta potencia.

3 Después de distribuir los cromosomas en 22 pares y el par de cromosomas sexuales (XY, es el masculino y XX, el femenino) se puede detectar cualquier posible anomalía. El defecto más frecuente es la presencia de un cromosoma adicional en el par 21, causante del síndrome de Down.

ANÁLISIS DE ANOMALÍAS

POSIBLES TRASTORNOS	¿CUÁLES SON?	RIESGO DURANTE EL EMBARAZO	TIPO DE ANÁLISIS	¿QUÉ SE PUEDE HACER?
Anomalías durante el desarrollo	Los trastornos se desarrollan después de la fecundación, afectando a diferentes partes del feto; uno de ellos, por ejemplo, es la espina bífida.	Riesgo muy reducido en todos los casos de embarazo. Suele ser de origen desconocido o se debe a la exposición a sustancias tóxicas o a una infección durante la gestación.	Algunos tipos pueden detectarse mediante scaner de ultrasonido, amniocentesis o análisis de sangre.	Algunos defectos pueden prevenirse con una buena nutrición y vacunación previa al embarazo.
Anormalidades cromosomáticas	El daño a los cromosomas se presenta durante el desarrollo del óvulo o del espermatozoide, por ejemplo, el síndrome de Down.	Mayor riesgo en madres con edad superior a los 35 años o si el padre es muy mayor. Rara vez cuando ambos padres tienen menos de 35 años.	Análisis cromosómico de las células del feto mediante amniocentesis, biopsia coriónica o toma de muestras de sangre del feto.	No se conoce ningún tratamiento definitivo. Deben verificarse los cromosomas de los progenitores antes del embarazo.
Defectos genéticos	Algunos defectos genéticos originan trastornos como la hemofilia. Estos genes son transmitidos por herencia de generación en generación.	Casi ninguno, si no existen antecedentes familiares. Determinados defectos ocurren con mayor frecuencia entre los diferentes grupos étnicos.	Algunos de estos defectos son detectables durante el primer período del embarazo, mediante amniocentesis o biopsia coriónica.	Para algunos de estos defectos existen pruebas que determinan la presencia de genes defectuosos.

El Cuidado del Medio Ambiente

El medio ambiente influye sobre tu salud y tu calidad de vida de tal modo que si se mejora el ambiente también mejorará tu salud y bienestar.

Un ambiente sano
Un entorno no contaminado proporciona aire puro, agua limpia y, por consiguiente, una buena salud para tí y tu familia.

LOS SERES HUMANOS somos sumamente adaptables y capaces de vivir en muy diversos tipos de clima. Sin embargo, hay lugares que son más favorables para tu salud que otros. No somos capaces de cambiar el clima en general pero, si somos conscientes de los riesgos potenciales que representa nuestro entorno, podemos controlar los problemas existentes de salud y reducir los riesgos generales.

El aire que respiramos
Evita el vivir en una altitud elevada si tienes problemas respiratorios como puede ser el enfisema. El bajo contenido de oxígeno en el aire empeorará tu condición.

La contaminación del aire proveniente de los escapes de los automóviles y de la industria perjudican tu salud, especialmente si padeces asma o bronquitis. Las personas que tienen problemas respiratorios deben también evitar el exponerse a los ambientes contaminados con humo de tabaco.

El agua que bebemos
Ciertos estudios han demostrado que las personas que viven en zonas donde el agua es blanda tienen una incidencia ligeramente superior de sufrir enfermedades cardíacas y corren un mayor riesgo de fallecer a causa de ellas que las personas que viven en zonas donde el agua es dura. Las diferencias son demasiado pequeñas para recomendar el trasladarse a lugares donde el agua sea más dura.

Si te preocupa la pureza del agua del lugar donde vives, bebe agua mineral embotellada o filtra el agua corriente. Ambos métodos pueden, sin embargo, ocasionar problemas a tu salud si no los utilizas correctamente. Una vez abierta debes conservar el agua embotellada en la nevera, a fín de que no se produzca una contaminación bacteriana. Si empleas sistemas de filtrado, cambia el filtro con regularidad. Con objeto de mejorar la calidad del agua que utilizas, puedes cambiar los tanques y conducciones antiguos recubiertos de plomo de tu casa y utilizar agua corriente fresca para cocinar.

Los alimentos que consumimos
Los fertilizantes, pesticidas, aditivos y conservantes que se utilizan en la producción de alimentos, son considerados, por algunos expertos, como causantes de cáncer, alergias y, en algunos casos, de hiperactividad infantil.

Sin embargo, los riesgos que implican los productos químicos en los alimentos son, con mucho, menos importantes que los procedentes de una dieta inadecuada que contenga demasiadas grasas, así como de los ocasionados por el alcohol y el tabaco. Los consumidores de alimentos orgánicos deben controlar cuidadosamente que los mismos estén en buenas condiciones, ya que no han sido tratados con conservantes. Dado que los alimentos en malas condiciones representan un grave riesgo para la salud, se les añaden conservantes a los productos alimentarios en general para evitar su descomposición.

Demasiado sol

Aún cuando mucha gente se preocupa por los efectos perjudiciales de las radiaciones de las centrales nucleares generadoras de energía, los riesgos para la población son extremadamente pequeños. De hecho, existe un riesgo mucho mayor para la salud en las grandes dosis de radiación ultravioleta que se absorben en la exposición prolongada a la luz solar. Por tanto, tomar menos el sol y evitar al máximo las exploraciones médicas innecesarias mediante rayos X, contribuirán a mantener la exposición a las radiaciones dentro de los límites aceptables para la salud.

Una cierta exposición diaria a la luz solar es necesaria para promover la producción de vitamina D en la piel. Sin embargo, la exposición excesiva al sol, o a los rayos ultravioleta de las lámparas solares, provoca un envejecimiento prematuro de la piel. Si tu piel es muy blanca, aumentará también el riesgo de contraer cáncer de la misma. Los niños que sufren frecuentes quemaduras solares serán más susceptibles de padecer cáncer de la piel en el futuro.

El control del ambiente en el hogar
En el hogar se pueden producir muchos accidentes. Si estableces una serie de precauciones básicas puedes reducir al mínimo la amenaza que ello representa para tí y tu familia.

La radiación ambiental

Las personas que trabajan directamente en ambientes con fuentes de radiación deben tomar las máximas precauciones para autoprotegerse. Sin embargo, poco se puede hacer para reducir el pequeño riesgo de desarrollar cáncer causado por un reducido nivel de ionización natural presente en el ambiente.

La radiación ambiental procede de dos fuentes primordiales: los rayos cósmicos del espacio exterior y el gas radon emitido básicamente por las minas de uranio que existen en la corteza terrestre.

Normalmente, los niveles de radiación natural están dentro de los límites aceptables para la salud. Sin embargo, en algunos casos, especialmente en las zonas donde existen rocas graníticas cerca de la superficie, se presentan niveles de gas radon superiores a los medios. Si vives en un área de alto riesgo, puedes medir el nivel de gas radon en tu casa. Si existe una acumulación de dicho gas, todo lo que tienes que hacer para mejorar el ambiente de tu casa es aumentar la ventilación.

Alergias ambientales

La fiebre del heno, así como algunos casos de asma y eccemas se producen a causa de reacciones alérgicas a sustancias presentes en el ambiente. Si muestras sensibilidad al polen deberás controlar la presencia del mismo y tratar de evitar el salir fuera de casa durante los días en que exista un elevado nivel de polen en el ambiente. La instalación de filtros de aire en el interior de la vivienda y el mantener las puertas y ventanas cerradas te ayudarán. La alergia al polvo puede combatirse quitando el polvo con frecuencia, empleando el aspirador y utilizando cada pocos meses un atomizador para eliminar los ácaros domésticos de camas y muebles tapizados.

Alimentos orgánicos
Adquiriendo alimentos orgánicos tendrás la certeza de no estar expuesto a los efectos de los pesticidas y aditivos alimentarios. Pero asegúrate de que aquellos están frescos, antes de comprarlos.

Un ambiente peligroso
El humo de los tubos de escape y la actividad industrial incontrolada pueden ser causa de la contaminación ambiental. Se considera que el aire contaminado es el motivo del incremento de los casos de asma en el mundo occidental industrializado.

La Seguridad en el Hogar

Existen varios pasos sencillos que se pueden seguir para reducir los riesgos de accidentes domésticos.

EN EL JARDÍN

- Coloca vallas para evitar que los niños salgan corriendo a la calle.
- Coloca los equipos de juego sobre un suelo blando.
- Cubre o valla los estanques.
- Elimina todas las plantas venenosas.
- No dejes a los niños solos cerca de la piscina.

BAJO LLAVE

- Coloca cierres de seguridad en todas las ventanas.
- Guarda los objetos afilados y las herramientas en un lugar seguro.
- Guarda bajo llave los medicamentos, limpiadores domésticos tales como la lejía y los productos químicos.
- Pon un candado al congelador para que los niños no puedan abrirlo.

GRUPOS DE ALTO RIESGO

Los más jóvenes y los más mayores son los que corren mayores riesgos de sufrir accidentes en el hogar. Los bebés que empiezan a caminar y los niños poseen un carácter curioso e inquisitivo, y no son conscientes de los peligros. Los problemas físicos, tales como una visión menos aguda y unos reflejos más lentos, hacen que las personas mayores detecten los peligros potenciales con más dificultad.

EN EL CUARTO DE BAÑO

- Coloca una barandilla de seguridad en la bañera y junto al inodoro.
- Instala un cristal de seguridad en la pantalla de la bañera o sustitúyela por una cortina.
- Coloca un suelo antideslizante en y a lo largo de la bañera.
- Coloca los calentadores eléctricos en el techo o en un punto alto de la pared.

EN LA COCINA

- Coloca un riel de seguridad en la cocina.
- Coloca los mangos de las sartenes mirando hacia el interior.
- Conserva todas las bolsas de plástico y los objetos pequeños que pueden tragar los niños en un lugar elevado y fuera de su alcance.
- Almacena todos los productos químicos en sus recipientes originales. Mantenlos perfectamente cerrados.
- Instala cordones retráctiles a la cafetera eléctrica y a la plancha.

EN EL DORMITORIO

• No fumes en la cama.
• Coloca clavijas falsas a los enchufes no utilizados en la habitación de los niños.
• Asegúrate de que la cuna de tu bebé cumple todas las condiciones de seguridad.

EN LAS ESCALERAS

• Asegúrate de que las alfombras de la escalera están bien sujetas.
• Comprueba que las barandillas son fuertes y están bien fijas.
• No dejes objetos en las escaleras.
• Mantén las escaleras bien iluminadas.
• Coloca portezuelas en las partes superior e inferior de la escalera, en el caso de que haya niños pequeños en casa.

SEGURIDAD CONTRA INCENDIOS

• Instala detectores de humo.
• Coloca rejas de seguridad alrededor de todos los fuegos abiertos.
• Solicita un servicio de mantenimiento regular para todos los sistemas de calefacción a gas, petróleo y eléctrica.
• Asegúrate de que los materiales de los sofás, sillones, camas, cortinas, ropas de cama y juguetes blandos sean antiinflamables.
• Desconecta los equipos eléctricos durante la noche.

LOS ACCIDENTES OCURREN

El número de personas que sufren accidentes en el hogar es mayor que el de los que los sufren en la calle. Muchos de los peligros potenciales en casa pueden evitarse con un poco de sentido común. La mayor parte de los accidentes acontecen al nivel del suelo y no en puntos elevados, y se producen al pisar alfombras sueltas o desgastadas, superficies resbaladizas y similares.

EN LA SALA

• Utiliza salvamanteles en lugar de manteles.
• Mantén las bebidas calientes lejos del alcance de los niños.
• Prescinde de puertas acristaladas, mesas cubiertas de cristal y de muebles con esquinas, si hay niños en casa.

SEGURIDAD LABORAL

Tanto si trabajas al aire libre como si lo haces en la fábrica o en la oficina, tu puesto de trabajo puede estar lleno de riesgos para tu salud.

Ropa y equipos de seguridad

Si existe la posibilidad de que permanezcas expuesto a la acción de cualquier sustancia potencialmente tóxica o carcinógena, utiliza siempre la ropa de protección y los equipos de seguridad proporcionados por la empresa.

EXISTE UNA GRAN cantidad de posibilidades para mejorar las normas de seguridad y salubridad de tu puesto de trabajo. Por ejemplo, debes utilizar siempre el equipo de seguridad que te proporciona la empresa y seguir al pie de la letra las prescripciones relativas a la seguridad.

Además, algunas empresas ofrecen servicios regulares de inspección para detectar cualquier indicio de enfermedad relacionada con el trabajo. Pregunta a la empresa si alguna de estas pruebas es aplicable a tu tipo de trabajo.

Riesgos profesionales

Muchos trabajos son propicios a producir enfermedades y trastornos concretos. Por ejemplo, los soldadores corren riesgos crecientes de sufrir heridas en los ojos.

¿TU TRABAJO ESTÁ AFECTANDO A TU SALUD?

Ningún trabajo carece de riesgos: incluso el trabajar detrás de un escritorio puede incrementar el riesgo de sufrir enfermedades coronarias. Otros trabajos implican riesgos mucho más obvios. Si estás constantemente expuesto a un elevado nivel de ruido, a temperaturas altas o a vibraciones excesivas estás poniendo en peligro tu salud a largo plazo.

Ruido — La exposición constante a un elevado nivel de ruido puede provocar sordera o zumbido en los oídos. Si bien utilizar protectores adecuados puede evitar este problema, constituye todavía uno de los trastornos más frecuentes.

Polvo — La inhalación prolongada de polvo mineral puede reducir la elasticidad de los pulmones ocasionando fibrosis. La inhalación de polvo orgánico puede provocar neumonía.

Solventes industriales — El contacto con la piel o la inhalación de disolventes industriales pueden causar reacciones alérgicas. Algunos disolventes pueden dañar también el hígado y los riñones.

Radiación — Las personas expuestas a radiaciones en las centrales nucleares pueden sufrir daños en los espermatozoides. Esto puede llevar un ligero aumento en el riesgo de que los hijos padezcan leucemia o defectos congénitos.

Estrés — Todo problema laboral que ocasiona tensión como la aglomeración u hostigamiento puede conducir al desarrollo de trastornos relacionados con el estrés como la úlcera gástrica o la colitis.

Calor — Los trabajadores sometidos a altas temperaturas corren mayores riesgos de sufrir calambres musculares, agotamiento por el calor e incluso ataques cardíacos.

Vibración — La maquinaria manual puede dañar la circulación en las puntas de los dedos, produciendo los consiguientes dolores. En casos extremos se pueden llegar a desarrollar úlceras y gangrenas.

Pesticidas — La exposición a grandes cantidades de pesticidas puede dañar algunas partes del cuerpo.

CÓMO REDUCIR LOS RIESGOS EN LA OFICINA

Si bien los riesgos de contraer o sufrir enfermedades relacionadas con el trabajo son relativamente bajos para los oficinistas, existe todavía un cierto número de problemas potenciales que pueden ocasionar una variedad de síntomas desagradables y que, incluso, pueden llevar a causar baja por enfermedad. Existen medidas preventivas para reducir los riesgos.

Evita el humo del tabaco
El respirar el humo del tabaco que fuman los demás es uno de los peligros más graves en la oficina. Aumenta el riesgo de contraer cáncer de pulmón, asma y enfisema.

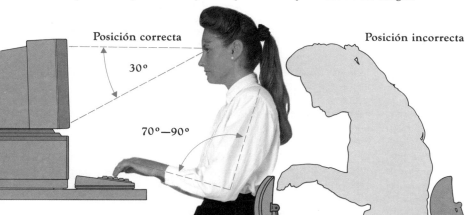

Posición correcta   30°   70°—90°   Posición incorrecta

Vista cansada
Trabajar ante un monitor durante un largo período de tiempo puede cansar los músculos de los ojos. De vez en cuando fija la vista en un objeto lejano. Asegúrate de que no haya reflejos en la pantalla.

Regula la temperatura
Si sientes que hace demasiado frío o calor ajusta la calefacción o el aire acondicionado. El tener plantas en la oficina contribuye a humidificar el ambiente.

Lesiones por esfuerzos repetidos
Este tipo de lesiones se produce por adoptar posturas incorrectas, tal como mecanografiar en un teclado dispuesto a una altura inadecuada. Los síntomas característicos incluyen dolor de muñecas y brazos, así como hormigueo o adormecimiento de las manos.

Ajusta la altura del asiento
Para evitar posturas perjudiciales siéntate en una postura relajada, colocando los pies planos sobre el suelo y con la espalda recta y bien apoyada. Utiliza un reposapiés si no puedes bajar la altura del asiento.

Mejora la iluminación
Las luces fluorescentes deben filtrarse para eliminar el parpadeo de alta frecuencia que ocasiona dolores de cabeza y fatiga ocular. Utiliza una lámpara de sobremesa ajustable.

Estatura	Altura óptima del escritorio
150 cm	57,5 cm
162 cm	60,0 cm
167 cm	62,5 cm
173 cm	65,0 cm
185 cm	70,0 cm

Altura correcta del escritorio
Un escritorio correctamente situado debe permitirte teclear de tal modo que los antebrazos formen un ángulo de 70° a 90° en relación al abdomen. Debes tener un ángulo de visión de 30°.

PREVENCIÓN DE LOS ACCIDENTES LABORALES

Los accidentes y las lesiones laborales constituyen la causa primordial de muerte e invalidez. Para reducir los riesgos al mínimo:
- Sigue siempre las prescripciones de seguridad.
- Utiliza ropa de protección adecuada.
- Utiliza protectores auriculares, o tapones, si trabajas en un lugar con un elevado nivel de ruido.
- Habla con la autoridad competente si tienes dudas en cuanto a la seguridad.
- Nunca bebas alcohol durante las horas de trabajo.

LAS VACACIONES

Las enfermedades y los accidentes pueden estropear unas vacaciones. Unas cuantas precauciones básicas te ayudarán a evitar el poner en peligro tu salud.

COMO MÍNIMO DOS MESES antes de salir de vacaciones pregunta al médico o al agente de viajes cuáles son las vacunas que se recomiendan para cada uno de los países que vayas a visitar. Algunas vacunas requieren un determinado tiempo para ser efectivas o no pueden ser administradas simultáneamente con otras. Si necesitas tabletas contra la malaria deberás empezar a tomarlas una semana antes de iniciar el viaje y continuar el tratamiento durante un mes después del regreso.

La higiene de los alimentos

Existen numerosos países con bajos niveles de higiene. Consume carne y pescado bien cocinados y, si te encuentras en un país con bajos niveles de higiene, evita el ingerir verduras crudas y ensaladas y come solamente aquellas frutas que puedas pelar.

Si la calidad del agua es mala, bebe únicamente agua embotellada o agua previamente purificada con tabletas esterilizantes o hervida durante más de cinco minutos. Utiliza esa misma agua para tu higiene bucal y para preparar los alimentos para los niños. No comas helado ni pidas que te sirvan las bebidas con hielo.

Disfruta, pero se cuidadoso

Permanece en la sombra mientras el sol brille con intensidad. Utiliza crema protectora en las áreas de la piel expuestas al sol y bebe mucho líquido, aunque mantén bajo el consumo de alcohol. Para protegerte contra las picaduras de insectos y garrapatas utiliza un repelente. En los países tropicales debes dormir bajo una pantalla o red contra mosquitos.

Deja tus problemas en casa

Independientemente de que viajes por negocios o placer, consulta a tu agente de viajes si necesitas un seguro médico adicional.

Medidas de precaución

En muchos países resulta conveniente llevar agujas hipodérmicas estériles, jeringas y un equipo de sutura (que se puede adquirir en la mayoría de las farmacias). Esto reducirá el riesgo de contraer hepatitis o SIDA como consecuencia del uso de agujas deficientemente esterilizadas.

LA SELECCIÓN DE LAS GAFAS DE SOL

Los rayos ultravioleta pueden dañar los ojos, de modo que se deberán utilizar gafas de sol si éste es intenso o cuando se refleja en la superficie del agua o de la nieve. Consulta a un oculista qué tipo de gafas de sol debes adquirir.

Si habitualmente utilizas gafas, puedes colocarles lentes fotocromáticas que se oscurecen automáticamente con la luz intensa. Como alternativa puedes utilizar filtros que se superponen o graduarte unas gafas de sol.

No exagerar las cosas buenas
Para evitar las quemaduras del sol o las insolaciones aumenta progresivamente el tiempo de exposición al sol, comenzando por 15 minutos el primer día.

MEDICAMENTOS

Si debes tomar medicamentos sujetos a regulaciones aduaneras o limitaciones de uso en un determinado país que vayas a visitar, o si llevas agujas hipodérmicas y jeringuillas por ser diabético, lleva una carta de tu médico que explique esas circunstancias. Asegúrate que llevas suficiente cantidad de medicamento para todo el viaje. Si tienes problemas de salud, resulta conveniente que consultes con tu médico sobre la conveniencia de emprender el viaje.

CUIDADO CON LOS ANIMALES

Todavía existe la rabia en el mundo, incluso en muchas partes de Europa. Por tanto, no te acerques a los animales salvajes o domésticos mientras estés en el extranjero. Lava cualquier arañazo o mordedura con jabón o detergente, aclaralos con agua corriente abundante y, si es posible, frótalos con alcohol. Si no se trata de un animal callejero, intenta investigar el nombre del propietario, su dirección y número de teléfono.

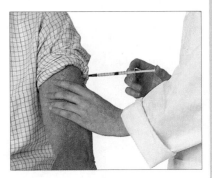

El tratamiento inmediato es esencial
Si sufres una mordedura acude de inmediato al hospital. Puedes necesitar una serie de inyecciones antirrábicas.

BOTIQUÍN DE PRIMEROS AUXILIOS PARA LAS VACACIONES

Mientras planeas tus vacaciones, la última cosa que te pasa por la mente es que vayas a caer enfermo o que sufras heridas a causa de un accidente. Sin embargo, si llevas contigo un botiquín con los primeros auxilios básicos puedes evitarte muchos problemas y gastos.

Puedes adquirir un botiquín de primeros auxilios en la farmacia o prepararte el tuyo propio utilizando una caja de plástico hermética. Mantenlo fuera del alcance de los niños. En la parte inferior de la página se muestran los elementos más importantes que debes llevar contigo.

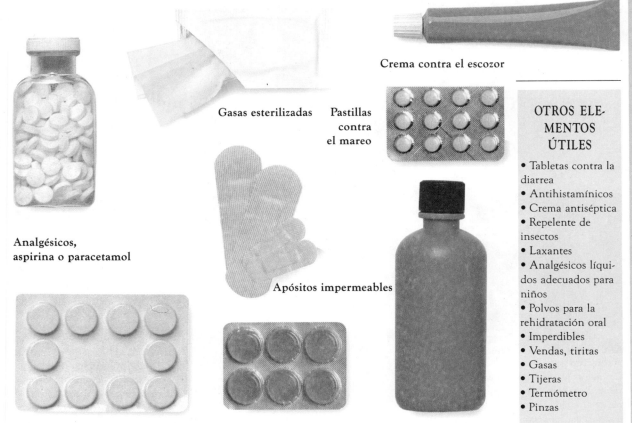

Crema contra el escozor

Gasas esterilizadas

Pastillas contra el mareo

Analgésicos, aspirina o paracetamol

Apósitos impermeables

OTROS ELEMENTOS ÚTILES

- Tabletas contra la diarrea
- Antihistamínicos
- Crema antiséptica
- Repelente de insectos
- Laxantes
- Analgésicos líquidos adecuados para niños
- Polvos para la rehidratación oral
- Imperdibles
- Vendas, tiritas
- Gasas
- Tijeras
- Termómetro
- Pinzas

Tabletas contra la indigestión

Pastillas para la garganta

Loción de calamina

Un Ambiente Insalubre

Los productos químicos en los alimentos

Existe una preocupación general en el sentido de que el uso creciente de fertilizantes y pesticidas en las técnicas modernas de cultivo intensivo puede perjudicar el ambiente.

LOS ORÍGENES DE LA CONTAMINACIÓN

No existe acuerdo general sobre cuáles pueden ser las causas primordiales de contaminación que constituyen la mayor amenaza para la salud pública. Los esfuerzos dirigidos hacia la reducción de la contaminación del aire, agua y alimentos son caros y complejos, y requieren introducir cambios drásticos en el estilo de vida.

La contaminación del aire

Los humos de los escapes de los automóviles y de las centrales térmicas de producción de energía son los principales causantes de la contaminación del aire.

Los campos eléctricos

Algunos científicos opinan que la exposición prolongada a la radiación electromagnética puede ocasionar problemas para la salud.

Clorofluorocarbonos (CFC)

Se considera que los clorofluorocarbonos son los responsables de la destrucción de la capa de ozono que protege a la Tierra de los perjudiciales rayos ultravioleta.

Radiación

Las únicas personas que corren un alto riesgo de padecer cáncer como consecuencia de la exposición a radiaciones son aquellas que han permanecido próximas a una explosión o accidente nuclear.

La contaminación del agua

Con frecuencia, los lagos, ríos y océanos están contaminados a consecuencia del estilo de vida destructivo del hombre e, incluso, las aguas potables no cumplen con las exigencias de seguridad básicas.

En los países occidentales el riesgo de morir por una enfermedad causada por la contaminación ha disminuido durante el último siglo.

EN LA ACTUALIDAD, EL AIRE, el agua potable y los alimentos están menos contaminados que durante la época victoriana. Las mejoras en las condiciones de habitabilidad y saneamiento también han reducido otros riesgos para la salud.

Nuevas amenazas para el ambiente

Los avances tecnológicos, tales como los motores de combustión interna, han generado nuevas amenazas para el ambiente y la salud.

Los gases emitidos por los tubos de escape causan muchos problemas a la salud. El conjunto de humo y niebla (*smog*, en inglés, palabra formada por las iniciales de *smoke*=humo y *fog*=niebla), que se produce por la acción de la luz solar sobre dichos humos, puede ocasionar problemas respiratorios a las personas que padecen bronquitis, asma o enfermedades cardíacas. La utilización de los combustibles sin plomo y la adopción de los catalizadores en los automóviles reducirá la emisión de estos gases y disminuirá la contaminación ambiental.

Los clorofluorocarbonos constituyen una amenaza nueva y potencialmente letal para la salud de la humanidad. Se utilizan en los atomizadores o «sprays», en las unidades de aire acondicionado, en los refrigeradores y en la fabricación de materiales aislantes, y dañan la capa de ozono que rodea a la Tierra, que es la que bloquea el paso a las radiaciones solares ultravioleta perjudiciales. Es probable que la reducción de la capa de ozono incremente la incidencia del cáncer de piel.

Hacia un futuro más sano

Los cambios necesarios en la industria, la agricultura y los transportes solamente podrán alcanzarse mediante un enérgico compromiso público para lograr un estilo de vida más sano.

CÓMO MEJORAR TU PROPIO AMBIENTE

Todos podemos contribuir a obtener un ambiente más sano y seguro reduciendo la contaminación y conservando los recursos naturales.

El transporte
Para los trayectos cortos deja el coche en casa y camina o utiliza la bicicleta. Con ello se reducirá la contaminación del aire.

La basura
Recicla las botellas, los periódicos y las latas de los desperdicios domésticos y utiliza con moderación diversos artículos tales como los refrigeradores.
Estos cuidados contribuirán a ahorrar los valiosos recursos de la Tierra.

Los fumadores pasivos
El humo de los cigarrillos contamina el ambiente. El respirar el humo de otras personas en lugares públicos incrementa el riesgo de padecer cáncer de pulmón.

EL SÍNDROME DE LOS EDIFICIOS ENFERMOS

En ocasiones, las personas que viven en un determinado edificio o que trabajan en la misma oficina desarrollan simultáneamente una serie de síntomas particulares de poca importancia. Esta situación, vulgarmente conocida como el síndrome de los edificios enfermos, se presenta normalmente en edificios que disponen de un sistema cerrado de ventilación. Casi nunca se llega a determinar la causa exacta. Los síntomas incluyen cansancio excesivo, dolores de cabeza, nariz tapada, irritación ocular, erupciones cutáneas y vómitos.

LAS ALERGIAS

LOS TRASTORNOS ALÉRGICOS tales como la fiebre del heno son sumamente frecuentes. Los síntomas de dichos trastornos que son, por ejemplo, nariz moqueante, ojos irritados, tos seca o inflamación y escozor en la piel son consecuencia de una reacción exagerada del sistema inmunitario del organismo a sustancias que, en otras personas, no producen ningún efecto.

Los síntomas alérgicos pueden iniciarse ya sea por el contacto de la piel con el agente causante de la alergia, sea por inhalación, ingestión o por contacto a través de la superficie ocular externa. Una vez que el contacto inicial ocasiona la sensibilización de las células del sistema inmunitario, la exposición continuada empeora rápidamente los síntomas.

Normalmente, una misma familia sufre las mismas enfermedades alérgicas. Por ejemplo, el 70 % de las personas que padecen eccema alérgico tienen un pariente cercano que también sufre un trastorno de tipo alérgico. De ello se infiere que existe algún factor genético involucrado.

Las alergias son reacciones inadecuadas del sistema inmunitario del organismo a sustancias inofensivas.

SUSTANCIAS QUE PROVOCAN LAS REACCIONES ALÉRGICAS

Polen
Durante la época estival, numerosas personas padecen de fiebre del heno y asma, debido a que son sensibles a determinados tipos de polen.

Animales
Las alergias a los animales se deben a que muchas personas son sensibles a las finas escamas de piel muerta que se desprenden de la piel de los mismos.

Polvo doméstico de ácaros
Los excrementos de los ácaros invisibles que se encuentran en las camas y en los tapizados de los muebles pueden ocasionar alergias.

Plumas
También es frecuente la alergia a las plumas. Sustituye los rellenos de pluma de almohadas y edredones por rellenos sintéticos.

ALERGIAS A LOS ALIMENTOS

Las alergias a los alimentos que implican al sistema inmunitario son muy poco frecuentes. La mayor parte de las reacciones a los alimentos se deben o a un envenenamiento de los mismos o a una intolerancia a algún alimento en concreto, como consecuencia de la carencia de algún enzima digestivo en particular.

En algunos casos las reacciones adversas pueden aparecer pocos minutos después de la ingestión del alimento que las provoca. Entre los síntomas se encuentran: hormigueo en la boca, inflamación de los labios, tensión abdominal, vómitos, ruidos abdominales sonoros y diarrea.

Si padeces de este tipo de alergia, el único tratamiento efectivo es eliminar de tu dieta los alimentos que la ocasionan. Para estar seguro deberás consultar al médico antes de empezar una dieta autodiagnosticada de exclusión de alimentos como consecuencia de una alergia.

huevos

productos lácteos

cereales cuyo componente básico es el trigo

fresas

pescados y mariscos

Las cinco alergias más frecuentes a los alimentos
Estos son los alimentos que producen reacciones alérgicas con mayor frecuencia. Los síntomas que producen varían de persona a persona.

¿TIENEN LA CULPA LOS ADITIVOS?

Con relativa frecuencia se asegura que la alergia a ciertos aditivos alimentarios es la causa primordial de los problemas conductuales de los niños.

LAS CAUSAS DE LAS REACCIONES ALÉRGICAS

En una persona propensa a sufrir alergias, la superficie de millones de sus células, denominadas mastocitos, están recubiertas por moléculas de inmunoglobulina E. Una vez que el alergeno se ha alojado en el receptor celular, estimula a los gránulos del interior de los mastocitos, los cuales desprenden sustancias inflamatorias muy potentes como la histamina y la prostaglandina. Estos son los productos químicos que provocan los síntomas de una reacción alérgica.

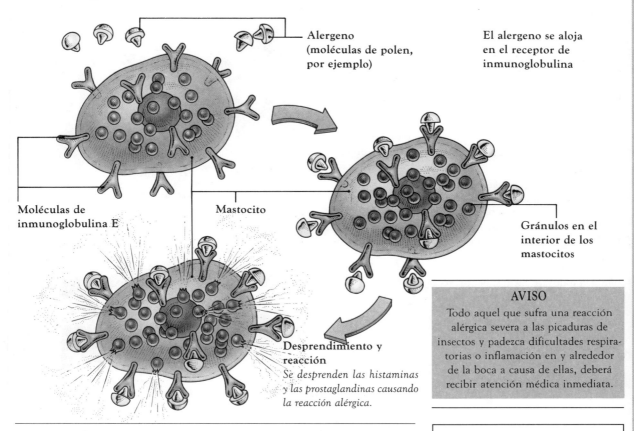

Alergeno
(moléculas de polen,
por ejemplo)

El alergeno se aloja
en el receptor de
inmunoglobulina

Moléculas de
inmunoglobulina E

Mastocito

Gránulos en el
interior de los
mastocitos

**Desprendimiento y
reacción**
*Se desprenden las histaminas
y las prostaglandinas causando
la reacción alérgica.*

AVISO
Todo aquel que sufra una reacción alérgica severa a las picaduras de insectos y padezca dificultades respiratorias o inflamación en y alrededor de la boca a causa de ellas, deberá recibir atención médica inmediata.

EL DIAGNÓSTICO DE LAS ALERGIAS

Normalmente los médicos diagnostican las alergias analizando los síntomas y preguntando al paciente bajo qué circunstancias se producen. Sin embargo, existen una serie de análisis de sangre que proporcionan un diagnóstico más preciso. También existen pruebas cutáneas que pueden identificar la causa de la reacción alérgica, como se puede observar a continuación:

*1 Se impregnan
una serie de
parches con cada
una de las
sustancias que
pueden ser
potencialmente
causantes de la
alergia y se fijan
sobre la piel (en la
espalda).*

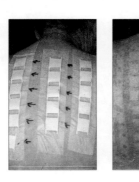

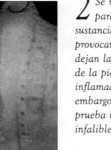

*2 Se retiran los
parches y las
sustancias que
provocan la alergia
dejan la superficie
de la piel roja e
inflamada. Sin
embargo, esta
prueba no es
infalible.*

TRATAMIENTOS

Existen numerosos tratamientos contra la alergia. El cromoglicato de sodio evita el desprendimiento de histamina de los mastocitos, los antihistamínicos pueden bloquear la acción de la histamina, y los corticoesteroides detienen la inflamación. Como alternativa se te pueden administrar pequeñas dosis del agente alergeno para fomentar la tolerancia al mismo. Sin embargo, este tratamiento de desensibilización está cayendo en desuso.

Tu Botiquín Doméstico

Debes colocar los medicamentos y elementos de primeros auxilios en un lugar seguro.

LAS PEQUEÑAS DOLENCIAS y accidentes pueden ser tratados exitosamente en casa, sin ayuda del médico. Para llevar a cabo este autotratamiento debes disponer en el hogar de una serie de medicamentos y elementos básicos de primeros auxilios.

Los medicamentos pueden ser peligrosos

Todos los medicamentos y elementos de primeros auxilios se deben guardar en un armario que no contenga otra cosa que objetos de uso médico. Este armario deberá siempre disponer de una cerradura que no puedan abrir los niños.

En el mismo armario se colocarán también todos los medicamentos recetados por el médico. Las pastillas, en particular, no deben dejarse en cualquier sitio de la casa ya que los niños pueden confundirlas fácilmente con caramelos y comérselas.

Planificación anticipada

Si los accidentes o enfermedades que intentas tratar resultan ser más serias de lo que pensabas en un primer momento, puedes necesitar ayuda. Por tanto, resulta conveniente colocar en el botiquín una lista con información de urgencia que incluya los números de teléfono de tu médico, del hospital y de la farmacia. También puede ser útil disponer de un libro de primeros auxilios que te muestre cómo ejecutar las técnicas básicas de emergencia. Este libro se colocará también dentro o cerca del botiquín.

TODOS SOMOS DIFERENTES
Aunque tengas los mismos síntomas que otra persona, nunca tomes medicamentos que le hayan recetado a otro.

ALMACENAMIENTO Y SEGURIDAD

A continuación se relacionan los elementos que es conveniente tener en tu botiquín doméstico. Se pueden añadir otros medicamentos o equipos de primeros auxilios de acuerdo a tus necesidades particulares.

- Aspirina o paracetamol
- Jarabe para la tos
- Pastillas para la garganta
- Remedio contra el picor
- Crema y líquido antisépticos
- Jarabe contra la indigestión
- Loción de calamina
- Tiritas
- Vendas
- Tijeras
- Pinzas
- Gasas esterilizadas
- Imperdibles
- Colirio
- Libro de primeros auxilios

Comprueba la etiqueta
Algunas personas no pueden tomar según qué medicamentos. La aspirina, por ejemplo, no debe ser administrada a niños menores de 12 años de edad. Lee la etiqueta cuidadosamente para comprobar las restricciones y la fecha de caducidad.

Recipientes adecuados
Nunca mezcles diferentes medicamentos en el mismo recipiente. Los medicamentos deben mantenerse en los envases originales, de modo que puedas seguir las instrucciones de la etiqueta.

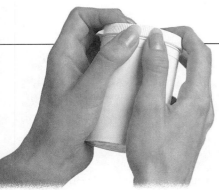

Seguridad

El mejor lugar para almacenar los medicamentos es un pequeño armario de pared que los niños no puedan alcanzar. Si tu hijo ingiere alguna píldora, llama al médico de inmediato. En la sección de primeros auxilios (véase pág. 303) se dan consejos más detallados.

Cierra las tapas cuidadosamente

Las tapas de cualquier recipiente deben cerrarse siempre herméticamente. Esto mantendrá fresco el medicamento y evitará que se derrame accidentalmente. Por otra parte, la ley exige que se utilicen cierres que no puedan abrir los niños en muchos tipos de medicamentos de administración oral.

Los efectos perjudiciales de la luz solar

La luz solar puede deteriorar un medicamento y provocar que pierda su eficacia. Por tanto, todos ellos, incluso los que dispongan de recipientes opacos, deberán colocarse fuera de la acción de la luz solar.

Requisitos especiales de almacenamiento

Algunos medicamentos requieren unas condiciones especiales de almacenamiento para evitar que se deterioren o que se vuelvan tóxicos. Sigue siempre las instrucciones que te de el médico o el farmacéutico. Si te indican que coloques el medicamento en la nevera, hazlo así, aunque asegurándote de que no se congele.

CUÁNDO DEBES TIRAR LOS MEDICAMENTOS

Los medicamentos no duran eternamente. Con el paso del tiempo pueden perder su eficacia o volverse tóxicos. Deberás tirar todo medicamento tan pronto detectes cualquiera de las siguientes señales.

- Ha pasado la fecha de caducidad indicada en el envase.
- Las pastillas tienen más de dos años o presentan grietas, han perdido el color o sueltan mucho polvo.
- Las pomadas o cremas se han endurecido o decolorado.
- Los tubos se rompen o agrietan.
- Las cápsulas se ablandan, agrietan o se pegan unas a otras.
- El medicamento cambia de sabor.
- Los frascos de colirio que hayan permanecido abiertos durante más de 28 días.
- Los líquidos se espesan o decoloran.

AGUJAS HIPODÉRMICAS

Si te inyectas algún fármaco como la insulina, consulta al médico o al farmacéutico sobre como deshacerte de las agujas usadas. En caso de duda, devuélveselas al farmacéutico.

CÓMO HACER FRENTE A UNA EMERGENCIA

Los tratamientos de primeros auxilios pueden salvar la vida a las víctimas de accidentes.

SE CONSIDERAN EMERGENCIAS graves todas aquellas que implican una amenaza a la vida. Las víctimas no respiran o no muestran señales de actividad cardíaca. Pueden haber sufrido quemaduras graves, sangrar profusamente o estar inconscientes. Si no se les da un tratamiento adecuado rápidamente pueden morir en un plazo breve de tiempo.

Los objetivos de los tratamientos de primeros auxilios en una emergencia consisten en mejorar las condiciones de la víctima o, por lo menos, evitar que empeoren y conseguir ayuda rápidamente sin poner en peligro ni a la víctima ni a ti mismo. El conocer el órden en que se debe proporcionar la ayuda es igualmente vital. Consulta el esquema que se indica en la parte inferior de la página.

Resulta más conveniente el tener conocimientos previos sobre cómo aplicar los primeros auxilios, en lugar de consultar un libro en el momento de la emergencia. Si deseas adquirir entrenamiento acude a la Cruz Roja.

LISTA DE CONTROL DURANTE UNA EMERGENCIA
- **¿Respira la víctima?** Si no es así, aplica la respiración artificial.
- **¿Late el corazón de la víctima?** Si no encuentras el pulso y conoces la técnica, inicia un proceso de reanimación (véase pág. 299).
- **¿Está inconsciente la víctima?** Colócala en la posición de recuperación si todavía respira.
- **¿Se presentan hemorragias importantes?** Controla la hemorragia.
- **¿Está la víctima en estado de shock?** Si es así, trata el shock.

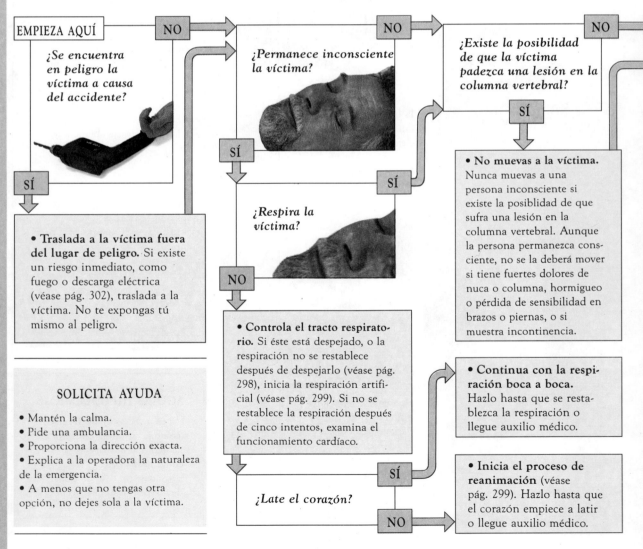

EMPIEZA AQUÍ — **NO**

¿Se encuentra en peligro la víctima a causa del accidente?

NO — **¿Permanece inconsciente la víctima?**

NO — **¿Existe la posibilidad de que la víctima padezca una lesión en la columna vertebral?**

SÍ

SÍ

SÍ

SÍ — **¿Respira la víctima?**

• No muevas a la víctima. Nunca muevas a una persona inconsciente si existe la posibilidad de que sufra una lesión en la columna vertebral. Aunque la persona permanezca consciente, no se la deberá mover si tiene fuertes dolores de nuca o columna, hormigueo o pérdida de sensibilidad en brazos o piernas, o si muestra incontinencia.

• Traslada a la víctima fuera del lugar de peligro. Si existe un riesgo inmediato, como fuego o descarga eléctrica (véase pág. 302), traslada a la víctima. No te expongas tú mismo al peligro.

NO

• Controla el tracto respiratorio. Si éste está despejado, o la respiración no se restablece después de despejarlo (véase pág. 298), inicia la respiración artificial (véase pág. 299). Si no se restablece la respiración después de cinco intentos, examina el funcionamiento cardíaco.

• Continua con la respiración boca a boca. Hazlo hasta que se restablezca la respiración o llegue auxilio médico.

SOLICITA AYUDA
- Mantén la calma.
- Pide una ambulancia.
- Proporciona la dirección exacta.
- Explica a la operadora la naturaleza de la emergencia.
- A menos que no tengas otra opción, no dejes sola a la víctima.

SÍ

¿Late el corazón?

NO

• Inicia el proceso de reanimación (véase pág. 299). Hazlo hasta que el corazón empiece a latir o llegue auxilio médico.

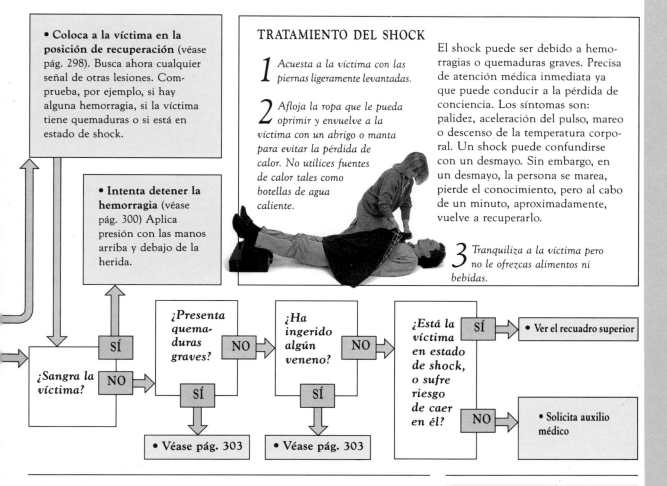

• **Coloca a la víctima en la posición de recuperación** (véase pág. 298). Busca ahora cualquier señal de otras lesiones. Comprueba, por ejemplo, si hay alguna hemorragia, si la víctima tiene quemaduras o si está en estado de shock.

• **Intenta detener la hemorragia** (véase pág. 300) Aplica presión con las manos arriba y debajo de la herida.

TRATAMIENTO DEL SHOCK

1 Acuesta a la víctima con las piernas ligeramente levantadas.

2 Afloja la ropa que le pueda oprimir y envuelve a la víctima con un abrigo o manta para evitar la pérdida de calor. No utilices fuentes de calor tales como botellas de agua caliente.

El shock puede ser debido a hemorragias o quemaduras graves. Precisa de atención médica inmediata ya que puede conducir a la pérdida de conciencia. Los síntomas son: palidez, aceleración del pulso, mareo o descenso de la temperatura corporal. Un shock puede confundirse con un desmayo. Sin embargo, en un desmayo, la persona se marea, pierde el conocimiento, pero al cabo de un minuto, aproximadamente, vuelve a recuperarlo.

3 Tranquiliza a la víctima pero no le ofrezcas alimentos ni bebidas.

¿Sangra la víctima?
— SÍ → ¿Presenta quemaduras graves?
— NO

¿Presenta quemaduras graves?
— NO → ¿Ha ingerido algún veneno?
— SÍ → • Véase pág. 303

¿Ha ingerido algún veneno?
— NO → ¿Está la víctima en estado de shock, o sufre riesgo de caer en él?
— SÍ → • Véase pág. 303

¿Está la víctima en estado de shock, o sufre riesgo de caer en él?
— SÍ → • Ver el recuadro superior
— NO → • Solicita auxilio médico

CÓMO TRATAR LOS ATAQUES

Habitualmente los ataques cesan a los pocos minutos de haberse iniciado y no causan daños permanentes. Sin embargo, deberás llamar al médico a no ser que sepas que la víctima padece epilepsia. Si es así, pide ayuda si el estado se mantiene durante más de cinco minutos.

1 Retira aquellos objetos que la persona pudiera golpear con los movimientos de sus piernas y brazos. No intentes impedir los movimientos de la víctima.

2 Afloja la ropa del cuello.

3 Cuando cese el ataque, comprueba si se han producido lesiones. Recuesta a la persona sobre uno de sus costados y cúbrela con una manta.

CUÁNDO SE DEBE LLAMAR A LA AMBULANCIA O AL MÉDICO

• **Somnolencia sin motivo aparente o pérdida del conocimiento.** Se requiere ayuda de inmediato.
• **Hemorragia grave.** Una hemorragia que no cesa tras cinco minutos puede representar una seria amenaza para la vida.
• **Ataques injustificados de cualquier tipo.**
• **Dificultades respiratorias.** Se requiere ayuda profesional si la persona es asmática.
• **Fuertes dolores abdominales.** Solicita ayuda si el vomitar no elimina el dolor, si lo padeces en un solo lado del cuerpo, si dura más de tres horas o si se presentan sudores o mareos.
• **Visión borrosa o ver halos coloreados alrededor de las luces.**

TÉCNICAS DE EMERGENCIA

ASFIXIA · LA MANIOBRA DE HEIMLICH

Para extraer un objeto que produzca asfixia, abraza a la víctima por la espalda. Coloca un puño con el pulgar hacia adentro bajo el esternón. Coge este puño con la otra mano. Aprieta hacia adentro y hacia arriba con un movimiento brusco. Para los niños, utiliza una sola mano y una menor fuerza.

Tanto la respiración como la circulación sanguínea son necesarias e imprescindibles para la vida.

CUANDO SE TRATA A UNA víctima inconsciente se deben comprobar el tracto respiratorio, la respiración y la circulación, recordando siempre el hacerlo en este preciso orden.

Mantener con vida a la víctima

Es de suma importancia el mantener el tracto respiratorio abierto. Colocando a la víctima en la posición de recuperación evitarás la asfixia ocasionada por aspirar el vómito.

Si la respiración se detiene, deberás aplicar la respiración artificial para forzar la entrada de aire a los pulmones y mantener el suministro de oxígeno a la sangre. Esto contribuirá a prevenir daños cerebrales e, incluso, la muerte. Si el corazón ha cesado de latir debes intentar la reanimación cardiopulmonar.

La maniobra de Heimlich se utiliza para obligar a la víctima a expeler cualquier objeto extraño que produzca oclusión de las vías respiratorias.

LA POSICIÓN DE RECUPERACIÓN

Si la víctima de un accidente permanece inconsciente pero aun respira, y no muestra señales de lesión en la columna, colócala en la posición de recuperación (reposando sobre un costado, con la cabeza mirando hacia adelante y hacia abajo). Esta posición ayuda a evitar la asfixia y la posible aspiración de vómitos cuando la víctima comience a recuperar la consciencia.

1 *Arrodíllate al lado de la víctima. Gira su cara hacia ti. Coloca su brazo más cercano a ti por encima de la cabeza. Flexiona su pierna más alejada.*

2 *Tira la víctima hacia ti asiendo sus ropas a la altura de la cadera y utilizando la otra mano para proteger la cara. Flexiona la pierna y brazo superiores a fin de que la víctima esté más cómoda.*

PROTEGE LA COLUMNA VERTEBRAL

Si existe lesión en la columna, la posición de recuperación puede provocar daños adicionales.

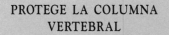

3 *Coloca la cabeza de la víctima hacia atrás, de modo que la barbilla apunte hacia adelante. Cúbrela con un abrigo o una manta. Mantente a su lado hasta que llegue ayuda.*

RESPIRACIÓN ARTIFICIAL

Si la respiración ha cesado, o el pecho de la víctima no se mueve, y no eres capaz de oír o de sentir la respiración en tu mejilla, la respiración artificial puede reanudar el proceso respiratorio. Este procedimiento debe realizarse de un modo inmediato ya que pueden producirse daños cerebrales tras pocos minutos de carencia de oxígeno.

BOCA A NARIZ

En casos de envenenamiento o de lesiones faciales se deberá utilizar la respiración boca a nariz. Cierra la boca a la víctima presionando la barbilla con una mano, y aplica el mismo procedimiento por la nariz.

1 Si es posible, solicita ayuda médica. Coloca a la víctima sobre una superficie firme. Utilizando los dedos, extrae los elementos extraños de la boca, tales como dentaduras postizas, suciedad o coágulos de sangre.

2 Coloca con suavidad la cabeza del paciente inclinada hacia atrás. Pon una mano junto al cuello y levántalo. Para elevar la barbilla, presiona sobre la frente con la palma de la otra mano.

3 Con la mano que tenías colocada en la frente, y con los dedos en forma de pinza, cierra las fosas nasales de la víctima. Aspira profundamente. Cubre la boca de la víctima con la tuya. Sopla.

4 Levanta la cabeza y escucha cómo sale el aire de los pulmones. Observa cómo desciende el pecho. A continuación haz 4 respiraciones rápidas. Continua a un ritmo de 12 respiraciones por minuto.

REANIMACIÓN CARDIOPULMONAR

Si una persona no respira, puede ocurrir que el corazón tampoco esté latiendo. Si el corazón se ha parado, la víctima no dará ninguna señal, la piel estará fría y falta de color y no se sentirá el pulso. Si la persona respira, el corazón latirá aunque no notes el pulso. La reanimación cardiopulmonar se llevará a cabo únicamente en el caso de que el corazón esté realmente parado ya que puede interferir el ritmo cardíaco e, incluso, detener el latido.

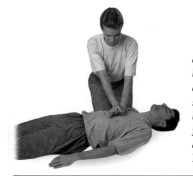

1 Coloca la palma de la mano a 2 cm por encima del punto en que las costillas se unen al esternón. Pon la otra mano sobre la primera. Extiende los brazos con los codos firmes. Empuja hacia abajo unos 5 cm y suelta. No levantes las manos.

2 Repite el primer paso para presionar el corazón rítmicamente 80 veces por minuto. Interrumpe cada 15 presiones para dar dos impulsos de respiración boca a boca.

ENTRENAMIENTO ADECUADO

No intentes llevar a cabo la reanimación cardiopulmonar si no tienes instrucciones escritas y detalladas o has asistido a un curso de primeros auxilios y aprendido la técnica correcta.

3 Comprueba el pulso cada ciclo de 15 presiones y 2 impulsos de respiración, pero no interrumpas el proceso de reanimación cardiopulmonar durante más de unos cuantos segundos. Interrumpe las compresiones al corazón tan pronto notes que hay pulso.

HERIDAS, HEMATOMAS Y HEMORRAGIAS

Los tratamientos de emergencia de las hemorragias y hematomas tienen como objetivo controlar la hemorragia y detener la inflamación.

Las heridas en el cuerpo pueden provocar hemorragias internas o externas. Si existe un pinchazo, corte, rozadura o arañazo la herida sangrará externamente.

Si la herida es muy profunda o afecta a una arteria, debe detenerse la hemorragia de inmediato para evitar el shock, la inconsciencia y la muerte.

Las heridas punzantes son estrechas y profundas de modo que puede no haber una hemorragia copiosa. Sin embargo, son importantes ya que pueden afectar a órganos internos. Siempre que recibas unas herida punzante, acude al médico. Las rozaduras y los araña-zos pueden ser muy dolorosos y conllevan un elevado riesgo de infección si no se limpian cuidadosamente.

Los hematomas se deben a la rotura de vasos sanguíneos cerca de la superficie externa de la piel y la consiguiente hemorragia.

Las lesiones cerebrales o en los órganos internos pueden ocasionar hemorragias que conllevan consecuencias letales. Acude inmediatamente al médico si la víctima sangra por la nariz o por la boca, expulsa sangre al toser o presenta un abdomen distendido.

Hemorragias nasales
Inclínate hacia adelante, tápate la nariz con los dedos en forma de pinza y respira por la boca. Acude al médico si la nariz sangra durante más de 20 minutos.

CÓMO CONTROLAR LAS HEMORRAGIAS INTENSAS

Es de vital importancia el saber cómo detener las hemorragias intensas. Si no se detienen pueden conducir al estado de shock, a la pérdida del conocimiento e, incluso, a la muerte.

1 Levanta la parte herida por encima del nivel del corazón a fin de reducir el flujo de sangre. Presiona la herida con la mano.

2 Continua la presión alrededor de la herida evitando hacerlo sobre cualquier objeto que esté alojado en ella.

CUÁNDO ES NECESARIO SOLICITAR AYUDA

Deberás solicitar ayuda médica siempre que:

• La herida tenga más de 1 cm de profundidad, si se trata de un desgarro o es una herida facial.
• No se detenga la hemorragia.
• Hay algún objeto fijado a la herida.
• Se ha producido la herida con un objeto sucio.
• La víctima no ha sido vacunada contra el tétanos.
• Se presentan señales de infección.

3 Cúbrela con una venda limpia, tela o pañuelo, y mantén la presión.

4 En caso de que se detenga la hemorragia, pon una venda nueva sobre la que ya habías colocado, haciendo el nudo directamente sobre la herida.

5 Por último, comprueba que la circulación de la sangre arterial no se haya visto afectada por el vendaje. Asegúrate de que existe pulso.

HERIDAS MENORES, CORTES Y RASGUÑOS

Las hemorragias de las heridas pequeñas suelen detenerse durante el transcurso de unos cuantos minutos. Si no ocurre así, se puede aplicar presión para detener la hemorragia. Estas heridas deben limpiarse cuidadosamente para evitar infecciones. Si se trata de un desgarro, puede ser necesaria una sutura.

 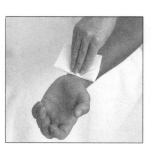  

1 Para prevenir el riesgo de infección, lávate las manos con agua y jabón antes de examinar cualquier herida.

2 Aplica presión sobre la herida hasta que cese la hemorragia, utilizando un tejido que no suelte pelusa.

3 Limpia la zona de la herida con jabón y agua corriente. Elimina toda suciedad. Seca la herida.

4 Cubre la zona con gasa esterilizada o con una venda limpia. Asegúrate de mantenerla exenta de suciedad.

ESGUINCES Y TIRONES

Estas lesiones se producen por tensión o sobrecarga de los ligamentos (esguinces) o músculos (tirones). Los esguinces graves son muy dolorosos y difíciles de diferenciar de las fracturas. En caso de duda al respecto, consulta al médico. Tanto los tirones como los esguinces pueden producir hematomas.

El tratamiento de esguinces y tirones
Normalmente el mejor tratamiento de las lesiones de los tejidos blandos, tales como tirones, esguinces y hematomas, consiste en una combinación de reposo, hielo, compresión y elevación (véase pag. 166).

MORDEDURAS Y PICADURAS

Existe la posibilidad de que se produzca una infección a través de la saliva de los animales o por el veneno de las serpientes o insectos. En muchos países existe el peligro de contraer la rabia, en los casos en que se padezcan mordeduras de animales, por lo que se debe solicitar la ayuda médica. Algunas personas son sumamente sensibles a las picaduras de los insectos, provocándoles una fuerte reacción. Ésta deberá tratarse de la misma forma que los shocks (véase pag. 297).

Picaduras de insectos
Elimina el aguijón asegurándote de no apretar el saquito de veneno. Lávala y aplica una compresa de hielo. Los antihistamínicos o la loción de calamina pueden reducir la inflamación.

Mordeduras de animales
Lávalas bien con agua y jabón para prevenir la infección. Cúbrelas con una venda limpia. Si existe cualquier posibilidad de padecer rabia, acude al médico quien te aplicará la vacuna antirrábica.

Picaduras de arañas
Mantén el área de la picadura a un nivel más bajo que el corazón de la víctima y aplica compresas frías. Solicita ayuda médica de inmediato.

QUEMADURAS Y ENVENENAMIENTO

Quemaduras producidas por el sol

Trata las quemaduras de carácter leve producidas por el sol como cualquier otra de este tipo. Se puede aplicar loción de calamina para calmar el escozor de la piel. No te expongas al sol durante unos días, al menos hasta que la quemadura esté curada. Los casos graves de quemaduras producidas por el sol deberán ser tratados por el médico.

Las quemaduras graves, así como todos los casos de envenenamiento, requieren atención médica.

LAS QUEMADURAS PUEDEN ser ocasionadas por calor seco, calor húmedo (escaldaduras), electricidad, fricción o productos químicos corrosivos.

La gravedad de una quemadura depende de su extensión y profundidad. Las quemaduras más profundas dejan una zona indolora blanca o zona chamuscada. Las quemaduras que abarcan grandes zonas del cuerpo son siempre muy graves.

ATENCIÓN

- No apliques mantequilla, aceite o grasa sobre las quemaduras.
- No utilices gasas adhesivas.
- No utilices materiales que suelten pelusa, tales como el algodón hidrófilo.
- No pinches las ampollas.

QUEMADURAS Y SHOCKS DEBIDOS A LA ELECTRICIDAD

Aún cuando una descarga eléctrica sólo haya producido una pequeña quemadura, pueden existir graves daños internos. Una descarga fuerte puede ocasionar inconsciencia, detener el corazón e interrumpir la respiración.

1 No toques a la víctima. Corres el riesgo de recibir una descarga. Desconecta la corriente o separa a la víctima de la fuente de energía con un objeto seco no conductor de electricidad, tal como el mango de una escoba.

2 Comprueba la respiración e inicia la respiración artificial si es necesario (véase pág. 299).

3 Comprueba si el corazón late después de 5 impulsos de respiración. Si no lo hace, inicia la reanimación cardiopulmonar (véase pág. 299).

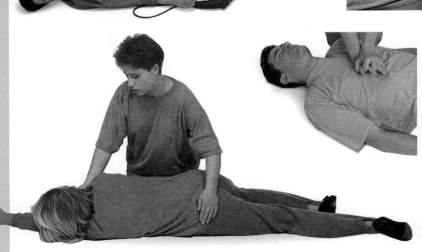

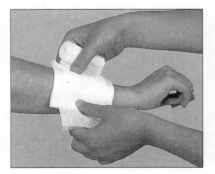

4 Si la víctima empieza a respirar, colócala en la posición de recuperación.

5 Una vez que la víctima respire, trata cualquier quemadura visible (véase pág. 303). Solicita ayuda.

TRATAMIENTO DE LAS QUEMADURAS

El primer paso en el tratamiento de las quemaduras es alejar a la víctima del peligro, reducir el dolor, prevenir las infecciones y el shock. Si la quemadura cubre una zona importante o parece grave, solicita ayuda médica.

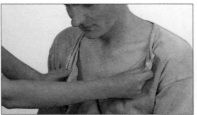

1 *Si la ropa todavía arde, apágala con una manta o haciendo rodar a la víctima sobre el suelo.*

2 *Retira la ropa mojada, pero no la que esté seca, quemada y que permanezca adherida a la piel. Quita todas las joyas.*

3 *Aplica una compresa fría o coloca la zona quemada bajo el agua corriente. Cubre la quemadura con una compresa.*

ENVENENAMIENTO

El envenenamiento constituye siempre una emergencia. En cualquier caso de envenenamiento, independientemente de cómo se encuentre la víctima, debes solicitar ayuda o consejo médico, ya que se pueden presentar complicaciones. Nunca dejes sola a la víctima. Si está consciente, intenta saber qué tipo de veneno ha ingerido ya que ello le puede salvar la vida.

Sustancias no corrosivas
Las víctimas en estado consciente deberán beber 16 cucharadas soperas de agua o leche. Provoca el vómito a la víctima.

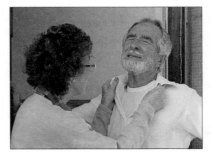

Gas venenoso
Si la víctima ha inhalado gas venenoso, llévala a un lugar donde pueda respirar aire fresco. Afloja cualquier prenda de ropa ajustada en el cuello de la víctima.

VENENOS DOMÉSTICOS

Muchas de las sustancias que se utilizan en el hogar son venenosas. Los adultos no las ingieren accidentalmente, pero los niños sí lo pueden hacer. Mantén, por tanto, todos los líquidos de limpieza cerrados y fuera del alcance de los niños.

Plantas venenosas
La ingestión de algunas plantas, tales como ciertas especies de hongos, algunas bayas y hojas, las semillas de codeso y las de digital, resulta venenosa. El tratamiento es el mismo que para cualquier otro tipo de envenenamiento. En el extranjero te puedes encontrar con plantas que producen reacciones alérgicas si entran en contacto con la piel.

Si la víctima está inconsciente
Si la víctima está adormecida o inconsciente, no provoques el vómito ni le administres líquidos. Colócala en la posición de recuperación. Si se detiene la respiración o el latido del corazón, aplica la respiración artificial o la reanimación cardiopulmonar.

Sustancias corrosivas
Si se ha ingerido una sustancia corrosiva como la lejía, lava la boca. No administres agua a la víctima ni provoques el vómito. Si es necesaria la respiración artificial, emplea el método boca a nariz (véase pág. 299).

EL CUIDADO DE LOS ENFERMOS

Cómo medir la temperatura en un adulto

Coge el termómetro por la parte opuesta al bulbo de mercurio y sacúdelo hasta que éste baje bien, por debajo de la lectura normal. La lectura normal es del orden de 37°C. Coloca el termómetro debajo de la lengua. Déjalo allí durante tres minutos y efectúa la lectura. Limpia el bulbo con un antiséptico antes de colocarlo en su lugar.

CUIDADO BÁSICO DE LOS PACIENTES

• Establecer una rutina diaria.
• Alentar al paciente a hacer todo lo posible por sí mismo.
• Lavar los dientes y cepillar el cabello dos veces al día.
• Lavar el pelo y hacer la manicura.
• Utiliza un paño caliente y húmedo para limpiar cuidadosamente los ángulos de los ojos.
• Humidifica el ambiente colocando un recipiente de agua abierto en la habitación.
• Utiliza un apoyo para la espalda o una almohada triangular para que la postura resulte más cómoda.
• Pide a la enfermera una demostración de las técnicas adecuadas para dar un baño en la cama.
• No permitas que las visitas cansen al paciente.

Las claves de la recuperación son la relajación, el descanso y la rehabilitación.

LA RELAJACIÓN PREVIENE el estrés del proceso de la recuperación. El descanso ayuda al sistema inmunitario del organismo a luchar contra las células invasoras y a su proceso natural de curación para reparar los tejidos dañados. La rehabilitación reanuda suavemente las actividades físicas, utilizando a veces ejercicios específicos para recuperar el funcionamiento normal antes de que el paciente se reincorpore a la vida cotidiana.

Alimentos y líquidos

La mayoría de los enfermos deberían intentar comer los mismos alimentos que en estado normal, aunque con ligeras excepciones, tales como evitar el consumo de alimentos grasos y fritos.

LOS NIÑOS Y LAS ENFERMEDADES

Si tu hijo tiene fiebre, intenta reducir la temperatura con paracetamol (consulta la dosis adecuada en la etiqueta). Baña a tu hijo con agua tibia y vístelo con ropas ligeras de algodón. Tápalo únicamente con una sábana fina.
Envolver al niño en mantas calientes solamente contribuirá a que la fiebre aumente.

Líquidos
Procura que el niño con fiebre beba mucho líquido.

Reducir la fiebre
Baña al niño con agua tibia para enfriarlo.

Juegos
Durante la recuperación, proporciónale al niño juegos, lápices de colores u otros juguetes para entretenerle. También la TV le puede mantener distraido.

LA TEMPERATURA EN LOS NIÑOS

A los niños se les debe colocar el termómetro debajo del brazo o utilizar una cinta de medición de temperatura en la frente.

Una dieta variada y equilibrada contribuye a la recuperación de la mayor parte de las enfermedades. Solamente en caso de que el médico la prescriba, o en caso de diarrea y vómitos, es necesaria una dieta especial. En el caso de sufrir diarrea y vómitos, las mejores bebidas son el agua y el zumo de frutas. Existen soluciones para la rehidratación que contienen sal y azúcar, y que se pueden adquirir en la farmacia, las cuales también pueden resultar beneficiosas. Los primeros alimentos que se ingieran deberán ser blandos y bajos en contenido proteínico. En caso de fiebre se puede compensar la pérdida de agua, debida al aumento de sudor, bebiendo más de lo normal.

El paciente en cama

La permanencia en la cama tiende a reducir el apetito. Esto no constituye un problema durante los primeros días, pero en el caso de padecer una enfermedad de larga duración, puede ser necesario un complemento alimenticio para conservar la salud.

Para aquellos que deben guardar cama es de gran ayuda el disponer de una mesita con bebidas, servilletas, lecturas y una campanilla para llamar. También es conveniente una mesa auxiliar de cama.

Servicio de habitación
La mayor parte de los pacientes pueden alimentarse por sí mismos si se les proporciona la comida en una bandeja. Para despertar el apetito, asegúrate de que los alimentos tengan un buen aroma y estén bien presentados.

Lugares donde se presentan más frecuentemente las llagas

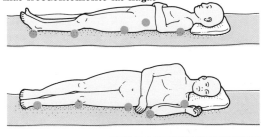

ENFERMEDADES DE LARGA DURACIÓN

La recuperación de una enfermedad, lesión o cirugía puede ocasionar aburrimiento, malestar y disgusto al paciente. Ayúdale a sentirse más cómodo y menos vulnerable.

Dado que una moral elevada acelera la recuperación, intenta crear una atmósfera de tranquilidad y alegría. La habitación del enfermo deberá estar bien iluminada, con una buena temperatura, exenta de ruidos, ordenada, bien ventilada y próxima al cuarto de baño. La cama deberá ser cómoda y accesible por ambos lados.

Llagas
Las llagas se presentan cuando el peso del cuerpo interrumpe la afluencia de la sangre a zonas de la piel que permanecen en contacto con la cama.

EL CAMINO HACIA LA RECUPERACIÓN

Si te has hecho cargo de una persona que ha estado enferma, lesionada o ha sido operada pide al médico que te de instrucciones precisas sobre cómo controlar sus progresos. Las siguientes preguntas te ayudarán a proporcionar al convaleciente el mejor cuidado posible.

- ¿Con qué frecuencia se puede permitir al paciente que se levante?
- ¿Existe alguna actividad que el paciente no pueda ejecutar?
- ¿Cuándo puede el paciente empezar a caminar de nuevo?
- ¿Existen algunos síntomas o complicaciones a los que prestar una especial atención?
- ¿Cuándo puede el paciente reanudar sus actividades normales, como conducir y trabajar?
- ¿Es necesario acudir a fisioterapia?

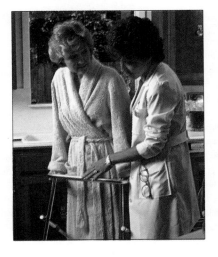

CUÍDATE A TÍ MISMO

Cuando estés al cuidado de un paciente no descuides tu propia persona.

- Tómate el tiempo necesario para relajarte y distraerte; no te sientas culpable por ello.
- Si lo requieres, solicita ayuda a los demás.
- Asegúrate de que obtienes todos los beneficios a los que tienes derecho.
- Busca algún grupo de ayuda de la localidad si atiendes a una persona que padece un trastorno médico específico. El grupo puede proporcionarte información y apoyo.
- Tómate un descanso.

NUTRICIÓN

Las pautas sobre nutrición pueden ayudarte a comprobar si estás consumiendo los alimentos adecuados y en las cantidades correctas.

LA ALIMENTACIÓN afecta a tu estado de salud. Una dieta equilibrada, rica en vitaminas, minerales y otros nutrientes puede prevenir las enfermedades provocadas por deficiencias, como el escorbuto, así como mantener una buena salud.

Una dieta equilibrada

Los científicos han determinado la existencia de una serie de nutrientes que deben estar presentes en la dieta. Las cantidades que deben consumirse diariamente reciben nombres diversos: Cantidades Diarias Recomendadas, Ingestión de Nutrientes de Referencia, etc. Las cifras que se proporcionan son valores medios. Si todos los individuos tomaran las cantidades de nutrientes recomendadas, la mayoría de las personas estarían bien nutridas. Además, aún cuando las cifras que se proporcionan se refieren a cantidades diarias, no necesitas consumir cada uno de los nutrientes a diario. Puedes hacer un cálculo con referencia a un período de siete días.

Sin embargo, existen circunstancias tales como la enfermedad o el embarazo que aumentan las necesidades del organismo de determinados nutrientes. Por otra parte, algunas personas pueden no requerir las cantidades generalmente recomendadas. Por consiguiente, cuando utilices estas tablas no es necesario que intentes consumir exactamente lo que en ellas se recomienda. El comer las cantidades adecuadas de forma aproximada será suficiente.

Consumo excesivo de grasas y azúcar

En los países occidentales, la mayoría de las personas consumen cantidades excesivas de azúcar refinado (en el té, en el café, en dulces y pasteles) y de grasas (como la mantequilla). Estos excesos provocan caries dental, enfermedades cardiovasculares y otros problemas de salud. Los expertos en nutrición recomiendan, por tanto, reducir el consumo de azúcar y grasas.

Fibra
La mayoría de las personas consumen aproximadamente 12 gramos de fibra al día, lo que representa la mitad de la cantidad recomendada. Los alimentos ricos en fibra son los del tipo integral, las legumbres y los guisantes.

Azúcar (carbohidratos simples)
El exceso de azúcar puede provocar caries dental. Actualmente, la mayoría de las personas obtienen del azúcar el 13 % de sus necesidades calóricas diarias en lugar del 10 % recomendado. Esto representa una diferencia de tres cucharillas de azúcar al día.

Almidones (carbohidratos complejos)
El almidón debería constituir una parte primordial de tu dieta (aproximadamente el 55 %). Alimentos ricos en almidón son, por ejemplo, las patatas, la pasta y el pan, que proporcionan energía y nutrientes.

Sal
Los expertos en nutrición recomiendan un consumo diario de 4 gramos de sal pero la mayoría de las personas consume más de 8 gramos al día. De las investigaciones llevadas a cabo se infiere que la sal puede aumentar la presión sanguínea, lo que a su vez puede aumentar el riesgo de padecer enfermedades coronarias.

Grasas
La dieta de los países occidentales contiene demasiadas grasas. Reduce el consumo de grasas saturadas y haz que del total de calorías que ingieres, solamente un 30 % sea aportado por grasas.

CONSUMO ORIENTATIVO DIARIO DE VITAMINAS (gr=gramo, mg=miligramo, μg=microgramo, 1,000μg=1mg)

VITAMINA	CONSUMO DIARIO (EDAD: 19 A 50 AÑOS)	EJEMPLOS DE ALIMENTOS QUE CONTIENEN ESTA VITAMINA
Vitamina A	1.000 μg (hombres) 800 μg (mujeres)	Hígado, aceites de hígado de pescado, yema de huevo y frutas y verduras de color amarillo-naranja.
Vitamina B1 (Tiamina)	1,0 mg (hombres) 0,8 mg (mujeres)	Granos enteros (pan y pasta integrales), arroz integral, hígado, legumbres, guisantes y huevos
Vitamina B2 (Riboflavina)	1,3 mg (hombres) 1,1 mg (mujeres)	Leche, hígado, queso, huevos, verduras, levadura de cerveza, granos integrales y germen de trigo.
Niacina	17 mg (hombres) 13 mg (mujeres)	Hígado, carnes magras, aves de corral, pescado, frutos y legumbres secas.
Vitamina B6 (Piridoxina)	2,2 mg (hombres) 2,0 mg (mujeres)	Hígado, aves de corral, pescado, plátanos, patatas, legumbres secas y casi todas las frutas y verduras.
Vitamina B12	3μg	Hígado, cerdo, pescado, levadura, huevos y productos lácteos.
Acido fólico	1.mg	Verduras de hoja verde, frutos secos e hígado.
Vitamina C	50-100 mg	Cítricos, fresas y patatas.
Vitamina D	500 U.I.	Pescados oleosos (como el salmón), hígado, huevos, aceite de hígado de bacalao y algunos cereales.
Vitamina E	15-25 UI	Margarina, cereales integrales y frutos secos.

CONSUMO ORIENTATIVO DIARIO DE MINERALES

MINERAL	CONSUMO DIARIO (EDAD: 19 A 50 AÑOS)	EJEMPLOS DE ALIMENTOS QUE CONTIENEN ESTE MINERAL
Calcio	700 mg	Productos lácteos, verduras de hoja verde y legumbres.
Yodo	100-200 μg	Pescados de agua salada y mariscos.
Hierro	10 mg (hombres) 18 mg (mujeres)	Carnes, pescados, hígado, yema de huevo, pan, algunas verduras, cereales, frutos secos y legumbres.
Magnesio	300 mg (hombres) 270 mg (mujeres)	Frutos secos, soja, leche, pescado, verduras, cereales integrales y aguas duras.
Potasio	50 mgr	Pan y cereales integrales, legumbres y plátanos.
Selenio	75 μg (hombres) 60 μg (mujeres)	Carne, pescado, mariscos, cereales integrales y productos lácteos.
Zinc	15 mg (hombres) 10 mg (mujeres)	Carnes magras, pescado, mariscos, legumbres, huevos, frutos secos, cereales integrales y pan integral.
Sodio	800-1.600 mgr.	Alimentos procesados, carne ahumada y sal de mesa.
Fluor	Sin recomendación.	Pescado, soja, guisantes, frutos secos y legumbres secas.
Cobre	2 mg	Hígado, mariscos, guisantes, nueces y legumbres secas.

VACUNACIÓN E  INMUNIZACIÓN

La inmunización te protege contra las enfermedades infecciosas.

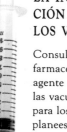

LA INMUNIZACIÓN ANTES DE LOS VIAJES

Consulta al médico, al farmacéutico o al agente de viajes sobre las vacunas necesarias para los países que planees visitar.

Algunas vacunas requieren ser aplicadas dos meses antes del viaje, de modo que asegúrate de inmunizarte con el tiempo suficiente.

DESDE LA INTRODUCCIÓN de los programas de inmunización, la incidencia de enfermedades transmisibles graves ha descendido notablemente. Dado que la viruela ha sido erradicada, ya no es necesario aplicar esta vacuna. Sin embargo, si se prescindiera de la inmunización contra las enfermedades que se relacionan en la tabla de la parte inferior de la página, es muy probable que se produjeran epidemias. Las autoridades sanitarias de cada país establecen, mediante un calendario específico, las vacunaciones sistemáticas recomendadas.

¿Cómo funciona la vacunación?

La inmunización activa consiste en introducir una toxina u organismo infec-

No resulta doloroso

A la mayoría de los niños no les duele el pinchazo y ni siquiera lloran durante la vacunación.

cioso previamente alterado o inactivo en el cuerpo. Ello estimula las defensas inmunológicas, del mismo modo que una infección real. Habiendo así activado al cuerpo para producir los anticuerpos contra esta infección específica, el sistema inmunitario queda preparado para actuar rápida y eficientemente ante cualquier exposición posterior.

La inmunización pasiva consiste en inyectar anticuerpos ya preparados contra la infección en el organismo. Este procedimiento ofrece protección inmediata aunque de corta duración, ya que el cuerpo destruye aquellos anticuerpos que no reconoce como propios.

¿Cuáles son los efectos secundarios?

Normalmente no se producen efectos secundarios. Para comprobar que no se producen, los niños permanecen en el dispensario o clínica durante diez minutos después de haber sido inyectados, por si se produjera una reacción alérgica inmediata. Sin embargo, esto sucede en muy raras ocasiones.

Es probable que tras la vacunación lloren más, se pongan irritables o pierdan el apetito. Si no se encuentran bien en el transcurso de varios días, es necesario consultar al médico.

PROGRAMA DE INMUNIZACIÓN INFANTIL

Para proporcionar a tu hijo la mejor protección posible deberás vacunarle contra las enfermedades infecciosas predecibles durante los primeros años de su vida. La edad a la que se deben aplicar las vacunas varía según diversas opiniones clínicas, aunque oscila entre las edades que se indican en la siguiente tabla:

EDAD	INYECTABLE	ORAL
3 meses	Difteria, tosferina y tétanos.	Poliomielitis
5 meses	Difteria, tosferina y tétanos.	Poliomielitis
7 meses	Difteria, tosferina y tétanos.	Poliomielitis
15 meses	Sarampión, parotiditis y rubeola.	
18 meses	Difteria, tosferina y tétanos.	Poliomielitis
4-6 años	Difteria y revacunación tétanos.	Revacunación poliomielitis
11 años	Sarampión, rubeola y parotiditis.	
15 años	Revacunación tétanos y toxoide diftérica.	

REACCIONES TRAS LA VACUNACIÓN

Las reacciones adversas ocurren en raras ocasiones. Las enfermedades en sí inducen a sufrir un riesgo mayor que la propia vacuna. No obstante, si tras la aplicación de una vacuna, tu hijo empieza a llorar de forma continuada, se encuentra mal, se siente nervioso, devuelve la comida, se hinchan sus labios, sufre un ataque o tiene dificultades respiratorias, consulta inmediatamente a tu médico.

En alguna comunidad autónoma como Catalunya se incluye la vacunación sistemática de la hepatitis B a los 12 años de edad.

REGISTRO DE SALUD FAMILIAR

Las enfermedades que has padecido, las vacunas que te han aplicado y los medicamentos que tomas forman parte de tu registro de salud. Si haces fotocopias de esta página y la cumplimentas para cada uno de los miembros de tu familia, podrás controlar el momento en que tus hijos deben ser vacunados, así como ayudar a tu médico a diagnosticar los trastornos que se pueden presentar en tu familia.

Nombre _____ Fecha de nacimiento _____

Nombre y número de teléfono del médico(s) _____

Grupo sanguíneo _____ Alergias _____

VACUNAS

Difteria, tétanos y tosferina		Poliomielitis		Sarampión, parotiditis y rubeola		Otras vacunas	
Edad normal de administración	Fecha de vacunación	Edad normal de administración	Fecha de vacunación	Edad normal de administración	Fecha de vacunación	Tipo	Fecha de vacunación
3 meses		3 meses		15 meses			
5 meses		5 meses		11 años			
7 meses		7 meses					
18 meses		18 meses					
4-6 años		4-6 años					
14-16 años (revacunación tétanos)							

ENFERMEDADES IMPORTANTES/INTERVENCIONES QUIRÚGICAS — Fecha — Tratamiento/Resultado

TRATAMIENTOS MÉDICOS — Fecha inicio — Fecha terminación

CHEQUEOS/PRUEBAS	Fecha/Resultado	Fecha/Resultado	Fecha/Resultado
Presión sanguínea			
Colesterol en sangre			
Examen dental			
Frotis cervical			
Mamografía			
Examen ocular			

GLOSARIO

A

abdomen
Parte del cuerpo situada entre la parte inferior de las costillas y las caderas. Contiene el estómago y otros órganos tales como el hígado, los riñones y los intestinos.

absceso
Acumulación de pus en la raíz de un diente por ejemplo, que cuando se inflama produce dolor.

absorción
Proceso en el que los nutrientes pasan del aparato digestivo a la corriente sanguínea.

aditivo
Sustancia que se añade a los alimentos para conservarlos, colorearlos o darles sabor.

ADN
Moléculas que llevan la información genética de los cromosomas.

aeróbico
Empleo de oxígeno para generar energía y crecimiento. El término se aplica tanto a determinadas bacterias como a los músculos humanos durante un ejercicio continuado.

alimentos, componente no digerible de los,
Constituido básicamente por celulosa, proporciona la fibra necesaria en la dieta. Esta fibra añade volumen a las heces, contribuyendo a que los intestinos trabajen mejor.

alimentos procesados
Alimentos que han sido tratados o modificados mediante procesos especiales, los cuales incluyen la adición de sustancias con el objeto de conservarlos o para mejorar el color o el sabor.

alimentos refinados
Alimentos que han sido tratados para eliminar de ellos algunos componentes «no deseados», provocando que se pierdan sustancias de gran valor tales como la fibra.

aminoácidos
Unidades químicas constituidas por nitrógeno, carbono y oxígeno y que conforman las proteínas. Existen veinte aminoácidos

diferentes en las proteínas humanas, pero una sola molécula de proteína puede contener miles de unidades de aminoácidos.

amniocentesis
Extracción de una pequeña muestra de líquido amniótico de la matriz de una mujer embarazada para efectuar determinados análisis capaces de detectar posibles anomalías del feto.

anaeróbico
Capaz de vivir sin oxígeno. Existen bacterias anaeróbicas, en tanto que algunas células de los músculos pueden trabajar en ausencia de oxígeno durante un corto período de tiempo.

anhídrico carbónico
También conocido como dióxido de carbono, es un gas cuyas moléculas contienen dos átomos de oxígeno y uno de carbono, y que se forma como subproducto en los metabolismos humano y animal.

antibiótico
Sustancia (como la penicilina) que se extrae de un moho o de otra estructura viva, y que destruye bacterias.

anticuerpo
Proteína producida por el organismo humano para combatir los microorganismos extraños u otras amenazas para la salud, tal como el cáncer.

apoplejía
Lesión en una zona del cerebro que se produce como consecuencia de la interrupción del suministro de sangre, o por un derrame de la misma a través de las paredes de los vasos sanguíneos. La apoplejía es una de las causas más importantes de muerte en el mundo occidental. Se presentan con más frecuencia entre las personas mayores y afectan más a los hombres que a las mujeres.

arteria
Vasos sanguíneos con paredes musculares. Las arterias llevan la sangre oxigenada desde el corazón al resto del cuerpo.

articulación
Punto en el que convergen dos o más huesos, rodeados por tejidos protectores y conectados mediante ligamentos.

artrosis
Inflamación dolorosa y rigidez de las articulaciones que en algunos casos puede provocar deformaciones.

ataque
Episodio repentino de actividad eléctrica cerebral incontrolada. La epilepsia es una enfermedad en la que los ataques se presentan de modo recurrente.

ataque cardíaco
Fallo repentino del suministro de sangre a los músculos del corazón, provocando daños que pueden resultar fatales.

B

bacterias
Microorganismos que se encuentran en el aire, en el suelo y en el agua. Algunas pueden provocar enfermedades, tanto en los hombres como en los animales. Otras, por el contrario, son útiles, como las que se encuentran en el intestino y que contribuyen a la digestión de los alimentos.

bazo
Órgano situado en la parte superior izquierda del abdomen, que produce linfocitos que a su vez producen los anticuerpos y que, por tanto, contribuye a combatir las infecciones. Controla también la calidad de los glóbulos rojos de la sangre.

benzodiazepinas
Grupo de fármacos tranquilizantes, ampliamente utilizados para combatir la ansiedad, el estrés y el insomnio.

betabloqueantes
Tipo de fármacos utilizados para aminorar el pulso. Se emplean en el tratamiento de enfermedades del corazón, de hipertensión y de los síntomas de la ansiedad.

bilis
Líquido amarillento-verdoso que se forma en el hígado con las células sanguíneas deterioradas y otros productos de desecho del organismo. Se almacena en la vesícula biliar y contribuye a la digestión de las grasas.

biopsia
Proceso en el cual se toma una muestra constituida por pequeñas partes de tejido del

cuerpo a fin de examinarlas, para diagnosticar el cáncer y otras enfermedades.

C

cafeína
Droga de origen natural que actúa como estimulante. Está presente en el café, en el té y en los refrescos de cola.

caloría
Unidad de medida de la energía contenida en los alimentos.

cáncer
Estado en el cual algunas células del organismo crecen demasiado rápidamente y se extienden a otras partes del cuerpo, generando tumores en algunos órganos y que producen, si no se controlan, enfermedades graves y la muerte.
Las causas del cáncer pueden ser tanto de origen genético como ambiental.

capilares
Véase vasos capilares

carbohidratos
Compuestos químicos de carbono, oxígeno e hidrógeno. Los alimentos que contienen carbohidratos, tales como los almidones y el azúcar, proporcionan energía al organismo.

carcinógenos
Sustancias o agentes que causan el cáncer, tal como las radiaciones, el humo del tabaco o las fibras de amianto.

cardíaco
Véase ataque cardíaco.

cardiopulmonar
Véase reanimación cardiopulmonar.

cardiovascular
Concerniente al corazón y a su circuito de vasos sanguíneos.

cartílago
Tejido fuerte y elástico que recubre y protege los extremos de los huesos y de las articulaciones.

célula
La unidad viva más pequeña del organismo humano. Cada célula tiene un núcleo y está recubierta por una membrana.

cirrosis
Enfermedad hepática en la cual las células del hígado resultan gravemente dañadas. La causa más frecuente de cirrosis es el alcohol.

clorofluorocarbonos
Productos químicos utilizados en los atomizadores con aerosoles y en algunos electrodomésticos tales como las neveras, y que se ha demostrado destruyen la capa protectora de ozono de la Tierra.

colágeno
Proteína del organismo que mantiene unidas las células y tejidos, y constituye un componente importante de los huesos, cartílagos y piel.

colapso nervioso
Comportamiento que se considera parte de una crisis de ansiedad extrema o de tensión. Con frecuencia conlleva accesos de llanto y gritos.

colateral
Véase efecto secundario.

colesterol
Producto químico que se encuentra en algunos alimentos como los huevos y que se produce en el hígado a partir de las grasas saturadas. Los niveles elevados de colesterol en la sangre aumentan el riesgo de desarrollar algunas enfermedades del corazón pero, por otra parte, es necesario un cierto contenido de colesterol.

colitis
Inflamación del colon que provoca diarrea hemorrágica y, algunas veces, dolores de estómago y fiebre.

corion, biopsia del,
Ensayo que se realiza en un estadio inicial del embarazo tomando una muestra de tejido de la placenta para determinar si el feto presenta alguna anomalía.

coronarias
Las dos arterias que llevan la sangre al corazón. Este término se usa también en el contexto de descripción de los ataques cardíacos.

corticoesteroides
Grupo de hormonas producidas por las glándulas suprarrenales. Estas mismas hormonas, aunque de origen sintético, se utilizan en el tratamiento de una amplia gama de enfermedades, tales como el asma y la artrosis.

cromosoma
Estructura situada en el núcleo de las células, portadora de los genes, es decir, de los códigos que determinan las características hereditarias.

D

demencia
Deterioro cerebral progresivo que afecta primordialmente a las personas mayores. Los síntomas pueden incluir pérdida de la memoria, confusión, paranoia, depresión y alucinaciones.

desnutrición
Mal estado de salud provocado por la falta de una alimentación adecuada.

diabetes
Estado en el que la falta de la hormona insulina incapacita al organismo para utilizar la energía de los carbohidratos. Esta enfermedad provoca una pérdida de azúcar a través de la orina.

digestión
Proceso de transformación de los nutrientes de los alimentos de modo que puedan ser absorbidos por el intestino e incorporados al organismo.

diurético
Tipo de sustancia utilizada para incrementar la cantidad de agua excretada por el organismo.

E

efecto secundario
Consecuencia adicional producida por la ingesta de un medicamento, fármaco o por una terapia. Normalmente no es deseado.

enfisema
Enfermedad crónica de los pulmones en la cual la pérdida de tejido elástico en los mismos los hace menos eficaces.

enzima
Cualquier sustancia proteica en el organismo que estimula las reacciones bioquímicas tales como la digestión, sin sufrir cambios en sí misma.

epidémico
Brote de una enfermedad que se extiende rápidamente.

esfínter
Anillo muscular situado alrededor de una abertura natural o punto de paso, que sirve como válvula para controlar el flujo de entrada y salida.

esguince
Distensión o desgarro de los ligamentos que mantienen unidos a los componentes de una articulación debido a una deformación repetitiva o a un exceso de estiramiento. Ocasiona una inflamación dolorosa.

esófago
Tubo musculoso que conduce los alimentos de la boca al estómago.

espasmo
Contracción involuntaria y a veces violenta que afecta a uno o más músculos.

estrés
Tensión mental o emocional que interfiere en el bienestar de la persona. El estrés prolongado puede dañar la salud y provocar síntomas tales como depresión, indigestión, insomnio y dolores musculares.

estrógeno
Una de las varias hormonas femeninas producidas primordialmente por los ovarios. Son las reponsables del buen funcionamiento del sistema reproductor femenino.

F

feto
Nombre que se da al embrión humano desde la décima semana de embarazo hasta el nacimiento.

fibra
Parte no digerible de las frutas, verduras y cereales. Contribuye a un buen funcionamiento de los intestinos (*véase componente no digerible de los alimentos*).

fisioterapia
Tratamiento utilizado para prevenir o reducir la rigidez de las articulaciones y para recuperar la fuerza muscular.

fluor
Mineral que refuerza el esmalte dental y que ayuda a prevenir la caries.

forma (condición)
Estado de buena salud física tal, que permite realizar fácilmente las actividades cotidianas.

G

gastritis
Inflamación de los tejidos del estómago.

gen
Factor hereditario localizado en el ADN cromosómico, que determina nuestras características hereditarias.

glaucoma
Enfermedad de los ojos causada por el aumento de la presión en el interior del globo ocular. Si no se trata adecuadamente, puede llevar a la ceguera.

glucosa
Desprendida durante la digestión de los almidones, este azúcar es la fuente de energía más importante del organismo.

grasas no saturadas
Grasas que producen el efecto de ayudar a reducir los tipos no deseados de colesterol en la sangre. La mayor parte de las grasas de origen vegetal son no saturadas.

grasas saturadas
Grasas que incorporan ácidos grasos los cuales contienen la cantidad máxima posible de átomos de hidrógeno. Las grasas animales que se encuentran en la carne y en los productos lácteos están muy saturadas y tienden a aumentar la cantidad de colesterol no deseado en la sangre.

H

hemoglobina
Proteína que proporciona a los glóbulos rojos de la sangre su color y su capacidad para llevar el oxígeno a los tejidos.

hernia
Protrusión del intestino a través de una parte débil de la pared abdominal.

hígado
Órgano situado en el abdomen que produce proteínas para el plasma sanguíneo, almacena glucosa y regula el nivel de aminoácidos. Conjuntamente

con los riñones, elimina los desechos de la sangre.

hiperactividad
Exceso de actividad. Normalmente se refiere a niños con problemas conductuales.

hipoglucemia
Nivel extremadamente bajo de azúcar en la sangre que causa somnolencia y sudores.

hipotálamo
Glándula situada en la base del cerebro que controla indirectamente el hambre, la sed y muchas otras funciones.

hipotermia
Temperatura peligrosamente baja de la sangre. Los niños y los ancianos son los más propensos a sufrirla.

hormonas
Sustancias segregadas de forma fisiológica por las glándulas de secreción interna, que circulan en el torrente sanguíneo y que contribuyen al control de funciones tales como el crecimiento y el desarrollo sexual.

hueso
Tejido duro y resistente que contiene calcio y que conforma el esqueleto del cuerpo.

I

inflamación
Reacción de los tejidos del organismo a las infecciones o a las lesiones, el cual provoca dolor, hinchazón, enrojecimiento y un aumento de la temperatura en la zona inflamada.

inmunidad
Capacidad del cuerpo para resistir a la enfermedad mediante la producción de anticuerpos que luchan contra ella.

insulina
Hormona producida por el páncreas en función del nivel de azúcar en la sangre. La insulina sintética se inyecta regularmente en algunos casos de diabetes.

intestino
Órgano del sistema digestivo que discurre entre el estómago y el ano. Se distingue entre intestino delgado e intestino grueso.

L

láctico, ácido
Subproducto de la actividad anaeróbica de los músculos que causa dolor y rigidez hasta que es eliminada por el hígado

laringitis
Inflamación de la laringe, órgano que aloja a las cuerdas vocales.

leucemia
Tipo de cáncer en el cual los glóbulos blancos se multiplican e interfieren en el proceso de producción de la sangre en la médula ósea.

ligamento
Banda de tejido fuerte y elástico que une y sostiene a las articulaciones.

linfa
Fluido del organismo que contiene glóbulos blancos, proteínas y grasas.

M

maligna
Enfermedad que se desarrolla rápidamente y que es potencialmente letal.

mamografía
Examen mediante rayos X de la mama, utilizado para detectar señales de cáncer de mama o para diagnosticar la enfermedad.

masaje cardíaco
Método de reanimación de las víctimas de ataques cardíacos que consiste en ejercer presión sobre el corazón para intentar que éste reinicie su funcionamiento.

médula
Tejido blando que se encuentra en el interior de algunas partes de los huesos y que produce las células sanguíneas.

melanoma
Tumor maligno de la piel, generalmente compuesto por células fuertemente pigmentadas.

membrana
Capa fina de tejido que cubre, protege, o conecta los órganos del cuerpo o de las células.

metabolismo
Conjunto de procesos que tienen lugar en el organismo y cuyas consecuencias son el crecimiento, la producción de

energía y la eliminación de los productos de desecho.

molécula
La parte más pequeña que puede existir de un compuesto, en el cual dos o más átomos permanecen unidos por un enlace químico.

músculo
Conjunto de células especializadas capaces de contraerse y distenderse para ejecutar un movimiento. Existen tres tipos de músculos: esqueléticos, lisos y cardíacos.

N

nutrientes
Los factores esenciales de la dieta son: carbohidratos, grasas, proteínas, vitaminas y minerales.

O

obesidad
Situación de exceso de peso extremo. Se considera obesa a la persona cuyo peso excede el 20 % o más del aconsejado en función de su estatura.

órgano
Conjunto de tejidos que trabajan al unísono para desarrollar una función determinada.

osteoartrosis
Deterioro de una articulación y sus cartílagos, el cual produce dolor, rigidez y que conduce a una disfunción. Esta condición afecta a casi todas las personas de más de 60 años, y más a las mujeres que a los hombres.

osteoporosis
Trastorno en el cual se produce una pérdida de sustancia ósea que hace que los huesos seán más frágiles y, consecuentemente, más susceptibles de fractura.

ozono
Gas presente en la atmósfera, cuyas moléculas están constituidas por tres átomos de oxígeno. Una capa de este gas rodea y protege a la Tierra de los efectos perjudiciales de las radiaciones solares.

P

palpitaciones
Latidos cardíacos rápidos e intensos. Se pueden presentar

después de un ejercicio físico extenuante, en situaciones de tensión o después de sufrir un susto o sobresalto.

peristálticos
Movimientos alternativos en forma de onda que se producen en la contracción y relajación rítmica e involuntaria de los músculos de las paredes del tracto digestivo. Estos movimientos desplazan a los alimentos y a los desechos a lo largo del sistema digestivo.

placa
Sustancia pegajosa que se deposita sobre los dientes. Está constituida por saliva, bacterias y restos de alimentos. Es la causa principal de la caries dental. Si se permite que se acumule forma un depósito duro sobre los dientes.

pólipo
Crecimiento que en general parte de un tallo, localizado en el tejido interno de la nariz, del cuello del útero, del intestino o de cualquier otra mucosa en el cuerpo humano.

presión sanguínea
Presión de la sangre al ser bombeada a través de las arterias principales del cuerpo. La presión sanguínea sube y baja en función del nivel de actividad del organismo.

progesterona
Una de las diversas hormonas sexuales producidas en los ovarios. Es necesaria para el buen funcionamiento del sistema reproductor femenino.

prostaglandina
Sustancia de naturaleza lipídica que actúa de un modo semejante a las hormonas. Las prostaglandinas sintéticas se utilizan como medicamentos.

proteína
Molécula constituida por cientos de miles de aminoácidos unidos en forma de largas cadenas. Las proteínas proporcionan los aminoácidos de la dieta.

psicosomático
Término que describe una serie de trastornos físicos causados o agravados por factores psicológicos.

psicoterapia
Tratamiento de los problemas mentales o emocionales

mediante métodos psicológicos. El paciente habla con el terapeuta y establece una relación que le ayuda a enfrentarse a los conflictos y dificultades.

pulso
Contracción y expansión rítmica de las arterias cuando la sangre es forzada a circular a través de ellas, siendo bombeada por el corazón.

Q

quimioterapia
Tratamiento médico en el que se utilizan sustancias químicas para tratar procesos patológicos tales como infecciones y cánceres.

R

radioterapia
Tratamiento del cáncer y algunas otras enfermedades mediante rayos X u otras fuentes de radioactividad. La radiación pasa a través del tejido enfermo, destruyendo o retardando el desarrollo de las células anormales.

radon
Gas radiactivo, incoloro, inodoro e insípido producido en la desintegración radioactiva del radio.

rayos X
Energía electromagnética invisible que se produce cuando inciden los electrones a alta velocidad sobre un metal pesado. Los rayos X se utilizan cada vez más en el diagnóstico y tratamiento médicos. Los rayos pueden proporcionar imágenes de los huesos, órganos y tejidos internos y pueden usarse también para destruir células cancerosas.

reanimación cardiopulmonar
Técnica para intentar restablecer la respiración y los latidos del corazón, utilizando simultáneamente la respiración boca a boca (soplando en la boca) y la compresión cardíaca (presionando rítmicamente sobre el pecho).

respiración
Movimiento de entrada y salida de aire de los pulmones. El término se emplea también para describir el uso del oxígeno por parte de las células del organismo.

riñones
Dos órganos localizados en el abdomen, uno a cada lado de la columna vertebral, que filtran los productos de desecho de la sangre, excretándolos en forma de orina.

rubeola
Infección viral de poca importancia en los niños, pero que puede ser más grave en los adultos. Cuando una mujer contrae rubeola durante los primeros estadios del embarazo, el feto puede presentar graves defectos congénitos.

S

sacáridos
Un tipo de azúcares.

sangre fecal oculta
Análisis sencillo que determina la presencia o no de sangre en las heces.

secreción
Producción y emisión de sustancias químicas, tales como el sudor, por parte de una célula, glándula u órgano.

shock
Produce una disminución del flujo de sangre. Puede ser ocasionado por una lesión grave, por pérdida de sangre o por un ataque cardíaco y puede conducir al colapso, al estado de coma y a la muerte, si no se trata adecuadamente.

sistema nervioso central
El cerebro y la médula espinal constituyen el sistema nervioso central.

sístole / diástole
Contracciones del corazón (sístole), alternadas con períodos de reposo (diástole). La presión sanguínea alcanza su nivel más alto en la sístole y más bajo en la diástole. Ambos constituyen los puntos que se miden cuando se toma la presión.

T

tejido
Conjunto de células especializadas de un organismo, que realizan una función concreta. Como ejemplo se pueden citar el tejido muscular y el nervioso.

tendón
Cordón fuerte, flexible y fibroso que une los músculos entre sí, y éstos a los huesos.

tendón de la corva
Músculo situado en la parte posterior del muslo que ayuda a doblar la rodilla.

terapia
Tratamiento de cualquier enfermedad o anomalía, sea física o mental.

testosterona
La más importante de las hormonas sexuales masculinas. Es la responsable del buen funcionamiento del sistema reproductor masculino.

tirón
Torcedura de los tendones o fibras musculares. La hemorragia en la zona dañada produce dolor, inflamación, espasmo y, habitualmente, un hematoma.

tóxico
Venenoso, dañino y ocasionalmente mortal.

tumor
Masa anómala de tejido que se forma cuando las células de una zona específica se reproducen más rápidamente de lo normal. Los tumores pueden ser benignos o malignos (cancerosos).

U

úlcera
Pérdida de sustancia localizada en la piel o mucosas.

ultrasonido
Sonido de frecuencia mayor al límite superior de percepción del oído humano. Haciendo pasar las ondas ultrasónicas a través de la piel, y reflejándolas, se obtienen imágenes claras de los órganos internos o del feto en desarrollo, sin los riesgos de los rayos X.

ultravioleta, radiación
Los rayos ultravioleta de la luz solar broncean la piel y producen vitamina D en la misma, pero una exposición excesiva puede producir efectos perjudiciales, como el cáncer de piel.

útero
Órgano en el cual se aloja el óvulo fecundado y en el que se desarrolla el feto antes del nacimiento. Se conoce también como matriz.

útero, cuello del (cérvix)
Parte inferior del útero que posee un pequeño paso en su centro. Durante el parto, el cuello del útero se dilata para permitir el nacimiento.

V

vacuna
Sustancia que se aplica para inducir la inmunidad contra algunas enfermedades infecciosas, sensibilizando al sistema inmunitario del organismo a la bacteria, toxina o virus que produce la enfermedad específica.

varices
Venas visiblemente dilatadas o retorcidas localizadas debajo de la piel.

vasos capilares
Tubos de diámetro muy pequeño y paredes finas que conducen la sangre desde las pequeñas arterias a las venas, que permiten que los nutrientes y el oxígeno pasen a los tejidos y que recogen los productos de desecho.

vena
Vaso sanguíneo a través del que la sangre vuelve al corazón desde los diferentes órganos y tejidos del organismo.

vida, esperanza de,
Edad media que un individuo puede esperar alcanzar, basándose en datos estadísticos.

virus
Agentes infecciosos microscópicos de un tamaño doscientas veces menor al de la bacteria más pequeña. Los virus pueden causar desde un resfriado común hasta la rabia.

Z

zumbido de oídos
Sonido o pitido constante en el interior del oído. Habitualmente se asocia este problema a una cierta pérdida de la capacidad auditiva, y puede ser provocado por una exposición continuada a un ruido intenso.

ÍNDICE

Archivos fotográficos
John Browitt 245 (c)
Bubbles Photo Library 238 (sd); 240 (sd)
Bruce Coleman Ltd. 303 (c)
Colorsport 121 (cd)
Environmental Picture Library 290 (ciz); 290 (cd); 290 (id); 291 (sd)
Robert Harding Picture Library Ltd. 95 (id)
Lesley Howling 110 (c); 130 (id)
Living Technology 273 (iiz)
The Image Bank 58 (i); 71 (siz); 84 (siz); 95 (ic); 116 (c); 118 (cs); 118 (ci); 119 (iiz); 119 (siz); 126 (i); 126 (siz); 126 (d); 127 (siz); 129 (ciz); 129 (id); 148 (c); 150 (siz); 158 (siz); 160 (c); 160 (id); 161 (sd); 161 (siz); 168 (iiz); 170 (siz); 172 (iiz); 172 (sd); 199 (siz); 200 (iiz); 283 (sd); 286 (sd); 288 (sd); 290 (sd); 305 (riz)
Images Colour Library 28 (sd)
Impact Photos Ltd. 286 (siz)
NHPA 108 (sc)
National Medical Slide Bank 254 (id); 261 (c); 272 (siz); 272 (ciz); 272 (cd); 272 (iiz); 272 (id)
Pictor International Ltd. 43 (sd); 66 (iiz); 81 (c); 127 (sd); 170 (siz); 175 (d); 190 (iiz); 236 (iiz); 237 (iiz); 242 (i)
Photofusion 176 (id)
Rex Features 98 (ciz); 102 (siz)
St. Bartholomews Hospital 129 (ic); 225 (sd); 272 (sd)
Science Photo LIbrary 27 (c); 78 (c); 79 (c); 80 (siz); 80 (csiz); 80 (ciiz); 80 (iiz); 81 (sd); 81 (cs, d); 81 (ci,d); 81 (id); 108 (cs); 108 (iiz); 109 (cd); 158 (c); 169 (c); 209 (iiz); 213 (sd); 214 (id); 215 (c); 218 (siz); 222 (siz); 223 (cd); 223 (siz); 223 (sd); 223 (ciz); 227 (c); 227 (cd); 229 (ciz); 229 (sd); 232 (cd); 234 (siz); 234 (sd); 234 (cizd); 234 (cd); 247 (siz); 257 (siz); 257 (sc); 257 (sd); 257 (cs); 265 (sd); 271; 273 (sc); 274 (sd); 276 (sc); 276 (sd); 281 (siz); 283 (id); 293 (cd); 293 (iiz); 308 (sd)
Frank Spooner Pictures Ltd. 290 (iiz)
Tony Stone Worldwide 128 (siz)
Telegraph Colour LIbrary 246 (id); 270 (iiz); 291 (cíz)
John Watney Photo Library 168 (id)
C.J. Webb 40 (id)
Elizabeth Whiting Associates 287 (id)
Colonel R. Youngson 252 (iiz); 253 (ic)
Zefa Picture Library 2((id); 50 (siz); 68 (i); 69 (sd); 73 (sd); 114 (c); 120 (i); 121 (iiz); 136 (siz); 139 (ic); 144 (c); 160 (siz); 199 (siz); 288 (i); 290 (siz)

c: **centro** s: **superior** i: **inferior** iz: **izquierda** d: **derecha**

Índice:
Susan Bosanko

Asistente editorial
Nikki Carroll

Asistente de diseño:
Desmond Plunkett

Ilustraciones:
Paul Bailey, Peter Ball, Russel Barnet, Joanna Cameron, Karen Cochrane, David Fathers, Tony Graham, Andrew Green, Kevin Marks, Coral Mula, Gilly Newman, Lydia Umney, Jon Woodcock

Fotografías:
Elisabeth Barrington
Steve Bartholomew
Steve Curd
Yaël Freudmann
Susanna Price
Tim Ridley
Clive Streeter

Aerografía:
Roy Flooks, Imago, Richard Manning, Janos Marffy

La fotografía de la pág. 48 (iiz) ilustra las inmediaciones del *Rock Garden Café, Covent Garden*, Londres.